Die besten Radtouren

E-Bike-Touren Oberschwaben und Allgäu

Die schönsten Fahrradausflüge für Entdecker

J. BERG

1 Von Biberach aus zum Museumsdorf Kürnbach

Inhalt

23 Auf dem Jakobsweg

25 Oberschwäbische Bädertour

30 Öko-Regio-Tour

Tourenüberblick

	Tour								
1	Von Biberach aus zum Museumsdorf Kürnbach	64 km	100 Hm	6 Std.	●	●		●	●
2	Durch südliche Rißtal	55 km	5 Hm	4–5 Std.	●	●		●	●
3	Von Ochsenhausen durch das Tal der Rot	75 km	45 Hm	6 Std.	●	●		●	●
4	Von Memmingen nach Bad Wurzach	50 km	100 Hm	5 Std.	●	●	●		●
5	Von Bad Wurzach nach Memmingen	50 km	100 Hm	7 Std.	●	●			●
6	Von Ehingen nach Riedlingen und zurück	80 km	200 Hm	8 Std.	●	●		●	●
7	Von Beuron nach Ulm – erste Etappe bis Zwiefaltendorf	80 km	200 Hm	9 Std.	●	●		●	●
8	Von Beuron nach Ulm – zweite Etappe ab Zwiefaltendorf	60 km	150 Hm	8 Std.	●	●		●	●
9	Von Biberach ins Illertal	40 km	400 Hm	4 Std.	●	●		●	●
10	Von Biberach durch das Rißtal nach Ulm	40 km	400 Hm	2.15 Std.	●	●		●	●
11	Von Biberach nach Wangen im Allgäu	70 km	100 Hm	8 Std.	●	●			●
12	Von Wangen im Allgäu nach Biberach	80 km	100 Hm	9 Std.	●	●		●	●
13	Von Ulm nach Memmingen	60 km	400 Hm	6 Std.	●	●			●
14	Von Immenstadt nach Meckenbeuren	75 km	320 Hm	9 Std.	●	●		●	●
15	Von Biberach nach Heiligkreuztal	87 km	10 Hm	9 Std.	●	●		●	●
16	Oberschwaben-Allgäu-Radweg – von Ulm bis Leutkirch	80 km	200 Hm	8 Std.	●	●	●	●	●
17	Oberschwaben-Allgäu-Radweg nach Markdorf	70 km	400 Hm	8 Std.	●	●	●	●	●
18	Oberschwaben-Allgäu-Radweg bis Biberach	80 km	200 Hm	9 Std.	●	●	●	●	●
19	Von Bad Buchau nach Ulm	60 km	100 Hm	6 Std.	●	●		●	●
20	Deutsche Fachwerkstraße – von Blaubeuren nach Biberach	80 km	100 Hm	9 Std.	●	●	●		●
21	Deutsche Fachwerkstraße – von Biberach nach Überlingen	90 km	100 Hm	9 Std.	●	●		●	●
22	Auf dem Jakobsweg von Ulm nach Biberach	60 km	100 Hm	7 Std.	●	●		●	●
23	Auf dem Jakobsweg von Biberach nach Ravensburg	60 km	100 Hm	7 Std.	●	●		●	●
24	Von Laupheim nach Ulm, dann über Illerkirchberg und Vöhringen zurück	70 km	100 Hm	8 Std.	●	●	●	●	●
25	Oberschwäbische Bädertour	65 km	60 Hm	8 Std.	●	●			●
26	Öchsle-Radweg – von Warthausen nach Ochsenhausen	50 km	100 Hm	6 Std.	●	●	●	●	●
27	Von Riedlingen nach Mengen und über die Heuneburg zurück	60 km	100 Hm	7 Std.	●	●		●	●
28	Von Ravensburg über Mailand nach Leutkirch	55 km	100 Hm	7 Std.	●	●	●	●	
29	An der Mühlenstraße Oberschwaben	60 km	100 Hm	7 Std.	●	●	●	●	●
30	Öko-Regio-Tour von Riedlingen nach Emerfeld	40 km	200 Hm	6 Std.	●	●		●	●

Kalkhoff
E-BIKE
K
BRUCKMANN
Autoren-Team

Vorwort

Mit diesem Buch geht für uns Autoren ein kleiner Traum in Erfüllung, nämlich unsere Region deutschlandweit vorstellen zu dürfen: Oberschwaben von der Donau bis zur Iller, von Ulm bis zum Bodensee und das württembergische Allgäu. Das ist unsere Heimat, hier kennen wir uns aus.

In Oberschwaben locken viele Seen zum Baden.

Linke Seite: Die Autoren vor dem Weißen Turm in Biberach

Wir möchten Sie mit diesem Buch verführen – mit vielfältigen Landschaften, tollen Ausblicken, kulturellen Höhepunkten und gastfreundlichen Menschen. Die vorgestellten Touren können mit einem gewöhnlichen Fahrrad absolviert werden. Da dieses Buch aber ebenso für Pedelec- und E-Bike-Fahrer gedacht ist, präsentieren wir bewusst längere Touren mit mehr Steigungen und damit schöneren Ausblicken. Mit elektrischer Unterstüzung schafft man auch mal eine längere Tour, die man sich mit einem normalen Rad nicht zutrauen würde. Aber auch für normal trainierte Radfahrer sind die vorgestellten Touren gut machbar. Bei der Beschreibung der Strecken geben wir immer wieder extra Hinweise für Radler mit Elektromotor.

Bislang präsentiert noch kein Buch die genannte Region in ihrer Gesamtheit und Vielfalt als Urlaubs- und Freizeitort. Es gibt wunderbares Informationsmaterial von vielen Urlaubsorten, Organisationen und Freizeiteinrichtungen. Wir haben uns bemüht, für jeden Bedarf etwas in dieses Buch hineinzunehmen – ohne aber den Organisationen, von denen wir das hervorragende Informationsmaterial bekommen haben, »in die Parade zu fahren«. Beim Nachfahren unserer Touren befinden Sie sich in guter Gesellschaft. Sie begegnen Gläubigen auf dem Jakobsweg Richtung Süden und Kunsthistorikern und Interessierten auf der Oberschwäbischen Barockstraße. Für die kulinarischen Genießer gibt es eine Tour durch die Brauereien mit ihren Biergärten, wir besuchen die Hof- und Mühlenläden der Umgebung und für die technisch Interessierten führt der Weg zu aktuellen und vergangenen Industriebauten sowie zu technischen Museen, die nicht minder von der reichen Vergangenheit der Region erzählen.

Überall kann man auf einem »Bänkle« bei einem Feldkreuz besinnlich innehalten.

Einführung

Vorbereitung

Wir achten besonders auf Sicherheit; sie hat für uns oberste Priorität. Man sollte es normalerweise nicht sagen müssen, aber gleichgültig, ob es ein eigenes oder ein geliehenes Fahrrad ist – Beleuchtung, Bremsen und die Anbringung bzw. der Schwerpunkt des Reisegepäcks sollten unbedingt vor der Fahrt überprüft werden. Ein Fahrradhelm ist zwar immer noch nicht Pflicht, aber unbedingt zu empfehlen. Es gibt heute Helme, die durchaus ansprechend aussehen, also nur Mut.

Wer sein Stromrad auf dem Auto transportieren möchte, sollte sich unbedingt davon überzeugen, dass sein Fahrradträger für diese höhere Last zugelassen ist. Dachträger dürften aufgrund des Fahrradgewichts und der Dachlast eines Autos sowieso nicht mehr infrage kommen; wegen der Hubhöhe dürfte es dann allenfalls ein auf der Anhängerkupplung aufgesetztes Modell sein.

Auch beim Bahntransport sollte man auf eine Kleinigkeit achten. Leider fehlen in den Fahrradabteilen der Züge oft die Befestigungsgurte, sodass man gut daran tut, etwas Entsprechendes mitzuführen. Wir haben uns extra aus Rollladengurten Spanngurte angefertigt und so haben sich zumindest unsere Drahtesel nie selbstständig gemacht.

Anreise

Wir haben darauf geachtet, dass die Ausgangspunkte unserer Touren mit dem Zug erreichbar sind. Die größten Bahnhöfe der Region sind in Ulm, Biberach, Ravensburg, Memmingen und Aulendorf.
Zu erwähnen sind die Verkehrsverbünde BODO – Verkehrsverbund Bodensee-Oberschwaben, DING – Verkehrsverbund Donau-Iller und NALDO – Verkehrsverbund Neckar-Alb-Donau.

Oft gibt es die Möglichkeit, eine Tour an einem anderen Bahnhof zu beginnen oder die Tour zu verkürzen, indem man sich zwischendurch wieder in den Zug setzt und nach Hause oder zum Hotel fährt. Dies ist nicht immer problemlos möglich, da sich drei verschiedene Verkehrsverbünde die Region zwischen Donau, Bodensee und Iller teilen. Die Nord-Süd-Zugstrecken sind sehr gut ausgebaut. Schwieriger ist es, in Ost-West-Richtung passende Zugstrecken zu finden.
Ein weites Thema ist die Fahrradfreundlichkeit von Bahnhöfen und Zügen. Leider sind Aufzüge – speziell für Pedelecs – oft zu klein und Treppen nicht immer mit Schubrampen versehen. Am einfachsten schiebt man sein Rad in einen doppelstöckigen Interregio neuer Bauart oder in die blaue BOB-Bahn der Bodensee-Oberschwaben-Bahn, da der Einstieg hier ebenerdig ist. Setzt die Bahn spezielle Fahrradwaggons ein, muss das Rad ca. 60 Zentimeter angehoben werden, damit ein Bahnbediensteter das Rad drinnen entgegennehmen kann. Nehmen Sie sich immer mindestens zehn Minuten Zeit zum Ein- oder Umsteigen, da der Weg von Bahnhofshalle zu Bahnsteig oder von Bahnsteig zu Bahnsteig lang werden kann

Die Autoren bei der Abfahrt vom Bussen

Die Autoren mit Blick zum Bussen

und Sie vielleicht um Mithilfe bitten müssen, wenn es gilt, das Rad auf den Bahnsteig zu bringen oder es in den Zug zu heben.

Die baulichen Gegebenheiten werden sich an den Bahnhöfen nicht so schnell ändern lassen. Der Ulmer Hauptbahnhof ist für alle Radler sehr gut geeignet, weil er breite Rampen am Ende der Bahnsteige und eine zusätzliche Untertunnelung hat, sodass Sie getrennt vom großen Gewusel der Reisenden zu Ihrem Bahnsteig kommen.
Die Bahnhöfe Aulendorf und Friedrichshafen-Stadt sind schwieriger zu nutzen. Sie verfügen nicht über Rampen, weshalb die Räder, die je nach Ausstattung sehr schwer sein können, die Treppen hinauf- und heruntergetragen werden müssen.

Unser »Basisfahrzeug« vom Autohaus Rapp

Um unsere Touren realistisch zu gestalten, schließen wir die Anfahrt mit dem Auto nicht von vornherein aus. Einige Orte im Allgäu oder auf der Alb sind mit Bus und Bahn, insbesondere wenn das eigene Pedelec mitgeführt wird, schwer zu erreichen. Deshalb sind wir im Vorfeld unserer Recherche auf das Renault-Autohaus Rapp in Schemmerhofen zugegangen.

Die Kombination Elektroauto und Pedelec erschien uns besonders sinnvoll. Daher kam das Autohaus Rapp auf die Idee, uns mit seinem Elektroauto Renault Kangoo Maxi Z.E. auf Tour zu schicken. Es bietet genug Platz, um zwei Pedelecs komfortabel im Fahrzeuginnern zu transportieren. Unser Image leidet keineswegs, wenn in einem Radführer, der auch für E-Bikes gedacht ist, ein E-Auto erwähnt wird. Ganz im Gegenteil! Wir waren dieses Jahr wirklich zu 100 Prozent elektrisch unterwegs!
Bei der Anreise im eigenen Auto müssen Sie entweder vor Ort ein Pedelec bzw. Fahrrad mieten oder einen passenden Heckträger besitzen, der bei einem Pedelec auf das höhere Gewicht ausgerichtet sein muss. Die Kombination Wohnmobil und Pedelec wird immer beliebter. Beide ergänzen sich hervorragend: das schwerfällige Wohnmobil als Stützpunkt auf dem Campingplatz und das mitgeführte Pedelec als wendiges Fahrzeug vor Ort.
Interessant ist die Anreise von Süden aus der Schweiz oder Konstanz. Wir empfehlen, ein Fährticket zu lösen und über den Bodensee zu kommen statt außen herum. Gibt es einen schöneren Urlaubsbeginn als mit einer »Seefahrt«?! Eine Anreise per Schiff lässt sich online auf der Seite bodenseeschifffahrt.de oder bsb-online.com planen.
In der Region liegen zwei kleine Flughäfen, Bodensee-Airport Friedrichshafen und Allgäu-Airport Memmingen, die aus ganz Deutschland günstig angeflogen werden. In diesem Fall können Sie problemlos Pedelecs vor Ort mieten.

Barockkirchen und Alpenpanorama – Genuss mit der wunderbaren Distanz zum Massentourismus

Notwendige Utensilien

Das Netz an Fahrradhändlern und Werkstätten ist in dieser Region sehr dicht. Trotz allem sollten Sie Notfallwerkzeug dabeihaben, wenn Sie auf weiter Flur eine Reifenpanne haben oder die Kette abspringt. Und wenn Sie selbst unbewandert mit Flickzeug sind – mit dem richtigen Equipment erhöhen Sie die Chance, dass andere Radfahrer oder Wanderer Ihnen weiterhelfen können. Deswegen packen Sie ein: Fahrradpumpe, Flickzeug, Reifenheber, Ersatzschlauch mit dem richtigem Ventil und ein kleines Minitool mit verschiedenen Inbusschlüsseln.
Die Akkus sind an den elektronischen Rädern mittlerweile immer abschließbar. Viele Pedelecs haben schon ein montiertes Rahmenschloss, welches das Rad vor Gelegenheitsdieben schützt. Zusätzlich sollten Sie mindestens ein längeres Kabelschloss in

der Gepäcktasche mitführen, um mehrere Räder zusammenzuschließen oder Ihr Rad an einen Laternenpfahl anzuketten. Lassen Sie sich vor einer längeren Tour in einem Fahrradfachgeschäft beraten.
Wir hatten das große Glück, von der Firma Ortlieb mit funktionellen und farbenfrohen Taschen ausgestattet zu werden. Sie sind aus absolut wasserfester Lkw-Plane und halten so manchen Sturz oder Fahrradumkipper aus. Das Fach für Karten, GPS-Gerät oder Smartphone auf den Lenkertaschen ist durchdacht und praktisch.

Schnitzerei im Ferienhof Tiergarten in Aulendorf

Streckenführung

Das Radwegenetz in D-A-CH wurde in den letzten Jahren deutlich ausgebaut und sehr gut beschildert. Mit dem allerbesten Beispiel geht die Schweiz voran. Hier fällt auf, dass alle Radwege, auch Themenwege, immer unter einer Federführung aufgelistet und in entsprechenden Publikationen erfasst sind. Auch in Deutschland bemüht man sich sehr um geordnete Streckenführung. Manchmal ist es allerdings schwer, die Verläufe regionaler und überregionaler Radwege anhand der Beschilderung auseinanderzuhalten.
Einige unserer Touren sind als Rundtour konzipiert. Andere bewegen sich eher entlang von Flüssen oder bekannten Themenwegen und beziehen ausdrücklich Bahn und Schiff mit ein, sodass Sie nicht gezwungen sind, am Abend zu Ihrem Autostellplatz zurückzuradeln. Eine Fahrt per Schiff oder Katamaran rundet eine Tour richtig ab; ein echter Genuss ist es, wenn man nach der Tour auf einem »fahrenden Balkon« über den Bodensee gleitet und sich ein erfrischendes Getränk servieren lässt.
Die Touren führen durch landschaftlich reizvolle Gegenden und verlaufen bewusst ab und an durch hügeliges Terrain abseits von den durch Radler stark befahrenen Uferstrecken des Bodensees.

Beschilderung

Die Radwege sind gut ausgebaut und durchgängig markiert. Besonders gut angenommen werden die weißen Schilder mit grüner Schrift, die in ganz Deutschland verbreitet sind. Sie sind ausreichend groß und immer an gut sichtbaren Stellen im Verkehr platziert. Das Buch orientiert sich vorwiegend an dieser weiß-grünen Beschilderung. Wenn Themenwege nachgefahren werden, merken Sie sich gut Ihr Symbol. Es erleichtert Ihnen die Orientierung und Sie müssen nicht ständig anhalten und auf die Karte schauen. Auch wenn Sie auf Abenteuer aus sind, wählen Sie nie Wanderwege. Oft genug mussten wir wieder umdrehen, da Wanderwege gerne irgendwann auf feuchte Wiese und unfahrbare Waldwege weiterführen.

Fahrradnavi oder Karten?

Wenn Sie nach Karte fahren, empfehlen wir eine Lenkertasche mit Magnetverschlüssen, die sich leicht und schnell öffnen lässt. Besser ist ein separates Kartenfach auf der Tasche oder ein eigener Kartenhalter.

Gute Erfahrungen haben wir mit Navigationsapps auf Smartphones gesammelt. Dazu sollten Sie eine Flatrate für das mobile Datennetz haben. Apps von Outdooractive, Komoot oder dem ADFC sind kostenlos oder für wenig Geld, zwischen 5,49 Euro und 9,95 Euro, zu haben. Sie sind selbsterklärend und einfach zu bedienen. Sie funktionieren einwandfrei, solange Sie Netz haben. Ob Sie auch im Wald Empfang haben, hängt natürlich von Ihrem Netzanbieter ab.

Jede Route kann inklusive Beschreibung, Bildern und des zugehörigen Kartenausschnitts lokal auf dem Smartphone gespeichert werden. Einmal gespeichert, sind diese Inhalte auch ohne Mobilfunkverbindung verfügbar. Unerlässlich in Gebieten mit schwacher Netzabdeckung und im Ausland: Sämtliche Inhalte können mit wenigen Klicks für die Offline-Nutzung lokal auf dem Gerät gespeichert werden. Die Befestigungsmöglichkeiten für Ihr Smartphone sind vielfältig, ob mit Tasche oder ohne.

Der Akku hält, wenn Sie Ihren Track aufzeichnen und zwischendurch noch

Sehr elegant waren wir damals unterwegs – alles hat zusammengepasst

Bei Ahlen im Federseegebiet

Fotos aufnehmen, zwischen vier und sechs Stunden. Für 20 bis 70 Euro gibt es zusätzliche Akkupacks für jedes Smartphone, wenn Ihnen unterwegs der Strom ausgeht. Oder man entnimmt seinen Ladestrom direkt vom Nabendynamo – dann macht das Smartphone auf der ganzen Tour nicht schlapp.
Spezielle Outdoor-Navigationsgeräte mit zugeschnittenen Karten fürs Radfahren oder Wandern lohnen sich wirklich nur, wenn Sie diese sehr häufig für verschiedene Sportarten nutzen oder auch häufig im Ausland unterwegs sind. Die Karten sind teuer, funktionieren aber ohne Netz, wobei Sie GPS-Empfang haben sollten. Der Akku hält meist deutlich länger als beim Smartphone.

Unsere Fahrräder

Wir haben alle Touren mit dem E-Bike absolviert. Die Touren im Buch sind aber alle auch für jedes Tourenrad zu bewältigen. Dafür haben wir unterschiedliche Fahrradmodelle verschiedener Hersteller genutzt, die wir leihen konnten oder unentgeltlich zur Verfügung gestellt bekommen haben. Sie unterschieden sich im

Fahrradtyp, Antriebssystem und Akku. Das Fahrgefühl war so unterschiedlich wie die Modelle selbst.
Zu unserem Glück fanden wir in den Derby Cycle Werken GmbH aus Cloppenburg einen tatkräftigen und engagierten Unterstützer. Derby Cycle ist der größte Fahrradhersteller in Deutschland und vereint unter seinem Dach so bekannte Marken wie Kalkhoff, Rixe, Focus und Raleigh. Sie haben die größte Bandbreite an Fahrrädern und alternativen Antrieben im Sortiment von allen Herstellern und mit die längste Erfahrung mit Elektrofahrrädern am Markt.
Alle Fahrradhersteller sind eigentlich gezwungen, Elektromotor und Akku von anderen Herstellern zu kaufen und ihre Fahrradmodelle daran anzupassen. Die bekanntesten sind Panasonic, Bosch und Bionix. Aufgrund der großen Abnahmemenge und Lieferschwierigkeiten seitens der Motorhersteller sah sich Derby Cycle schon vor Jahren nach neuen Herstellern in Deutschland um, die speziell für ihr Werk Motoren und Akkus herstellen. Mit ihrem Know-how stoßen sie Neuentwicklungen in diesem Bereich an, die sich mehr an den Bedürfnissen der Kunden orientieren.
»Getestet und Ausgezeichnet« ist der Werbeslogan der Firma Kalkhoff und nach 2000 Kilometern in drei Monaten können wir dies nur bestätigen und bedanken uns herzlich für die fachliche und technische Unterstützung.

Gute Radwegweiser sind mittlerweile Standard.

Mieträder

Das Angebot an Verleihstationen vor Ort ist groß. Mieträder sind in der Region ab 15 Euro pro Rad und Tag zu haben. Die angebotenen Räder sind durchweg Markenprodukte. Wenn Sie in einem Hotel untergebracht sind, fragen Sie an der Rezeption, denn viele Hotels haben eigene Fahrräder oder Partnerverträge mit Fahrradhändlern vor Ort. Die Auflistung von Verleihstationen im Buch bitte nur als Tipp ansehen, da sich die Verleihadressen oft ändern können. Die Internetseiten der Kommunen geben im eigenen Interesse aktuelle Listen und Links heraus.
Sie sollten bei der Auswahl allerdings auf einige Kleinigkeiten achten, die Ihnen sonst das Vergnügen am Radfahren rauben. Lassen Sie sich Zeit und fahren Sie Probe. Die Laufradgröße und die Rahmengröße müssen zu Ihrer Körpergröße passen. Das Verstellen von Lenkrad und Sattel ist eine Feineinstellung, die aus

einem unpassenden Rad ein passendes macht. Achten Sie beim Probefahren darauf, wie Sie mit Gangschaltung und beim E-Bike mit dem Bedienelement des Elektromotors zurechtkommen. Wenn möglich reservieren Sie vorher telefonisch, damit ein passendes Rad da ist. Lassen Sie sich auf keinen Fall die falsche Rahmengröße oder einen schwer bedienbaren Antrieb aufschwatzen, falls kein entsprechendes Rad da ist.
Achten Sie auf einen stabilen Gepäckträger. Befestigen Sie die Taschen so, dass er nicht vom gesamten Gepäck belagert wird, sodass ein freundlicher Mitreisender für einen Handgriff Platz hat, um Ihnen beim Einladen des Rades in Zug, Bus oder Auto behilflich zu sein.

Fahren mit dem E-Bike bzw. Pedelec

Es gibt immer noch Menschen, die das Pedelec auf eine Stufe mit dem Rollator stellen und Leute, die so ein Fahrrad benutzen, sofort als unsportlich abstempeln. Solchen Leuten raten wir, am Ende des Tages einmal zu vergleichen, wer den Tag mehr genießen konnte: der Stromradler oder der »Sportradler«. Von Genuss sprechen wir übrigens in diesem Buch immer dann, wenn Körper und Geist zu gleichen Teilen zufriedengestellt sind. Auch ich war früher skeptisch; meine Mit-Autorin Drazenka und ich sind uns allerdings einig, dass wir beide nach annähernd 2000 Kilometern in diesem Sommer sagen können, dass wir so fit wie nie zuvor sind und nie mehr für Körper und Geist getan haben.

Aufs Beste ausgerüstet

Die Touren in diesem Buch sind besonders für Pedelecs und E-Bikes geeignet. Deshalb gehen wir bei unseren Beschreibungen auch auf Lademöglichkeiten ein und erwähnen besondere Angebote für die Zielgruppe Stromradler. Die vorgestellten Touren sind zwischen 60 und 80 Kilometer lang. Wer mit Pedelec unterwegs ist, muss sich da keine Sorgen wegen der Akkukapazität machen. Wir haben selbst bei höchster Beanspruchung im Bergbereich nie Stromprobleme bekommen, sodass auch bei schweren Steigungen Touren dieser Länge geplant werden können.
In diesem Buch wird nicht auf Akkuwechselstationen eingegangen; diese Stationen werden meist von Verleihfirmen unterhalten, die dort ihre eigenen Akkus zum Tausch vorhalten. Als Besitzer eines eigenen Pedelecs ist niemand begeistert, wenn er seinen gut gewarteten Akku gegen ein solches Teil unbekannten Zustands tauschen soll. Bei geliehenen Pedelecs wird Ihnen der

So weit das Auge reicht hat man die Landschaft für sich.

Verleihbetrieb eine Liste mit weiteren Akkuwechselstationen in der Region aushändigen.
Wir empfehlen jedem, der eine längere Tour mit dem Pedelec macht, sein Ladegerät in der Satteltasche mitzuführen und im Ernstfall bei einem Gastronomen während einer Einkehr nachzuladen. Die Hauptladung wird dem Akku bereits in der ersten Stunde verabreicht, sodass in der Regel nicht der Ablauf der vom Hersteller angegebenen Ladedauer abgewartet werden muss. Wenn man sein eigenes Ladegerät dabeihat, gibt es auf jeden Fall keine Kompatibilitätsprobleme. Kein Gastwirt wird es ablehnen, wenn Sie bei ihm während eines schmackhaften Mittagessens Ihren Akku laden wollen. Ein Ladevorgang schlägt höchstens mit ca. 0,20 € zu Buche; ein kleines Trinkgeld deckt diese Kosten allemal.

Allzeit gute Fahrt, passen Sie auf sich auf.
Die Autoren

Überall lockt ein Bänkle zum Rasten – hier sogar im »Eingeborenendialekt«.

Die schönsten E-Bike-Touren

1 Von Biberach aus zum Museumsdorf Kürnbach

Bauernhäuser und Barock

leicht | 64 km | 100 Hm | 6 Std.

Tourencharakter
Sehr leichte Tour mit so gut wie keiner Steigung und auf nahezu komplett asphaltierten Wegen

Ausgangs-/Endpunkt
Biberach, Marktplatz

Anfahrt
Bahn: Zug bis Biberach, Bahnhöfe in Bad Schussenried und Aulendorf; ggf. Abkürzung der Strecke möglich; Auto: Über die A 8 nach Ulm und weiter über die B 30 nach Biberach

Karte
Topografische Karte des Landesvermessungsamtes Baden-Württemberg 1:50 000; Rad- und Wanderkarte »Oberschwaben« der Medienagentur GeoMap 1:50 000

Einkehr
Gasthof Linde, Steinhausen, Museumsgaststätte Kürnbach, Burgcafé Otterswang, Weihergaststätte Schwaigfurt, Lindenmühle Unteressendorf, Bräuhaus Ummendorf

Information
Oberschwaben-Tourismus, Bad Schussenried, Tel. +49 (0)7583 926 38-0, oberschwaben-tourismus.de; Landratsamt Biberach, Tourismus, Tel. 07351/520, biberach.de

Fahrradverleih und -service
Radsport Reichel, Biberach, Tel. 07351/9200; 2Radservice Schuhmacher, Bad Schussenried, Tel. 07583/400299

Unsere Tour beginnt auf dem Marktplatz von Biberach. Biberach ist eine ehemalige Reichsstadt im nördlichen Oberschwaben. In der Stadt leben ca. 31 000 Menschen; namhafte Unternehmen der Pharma- und Metallbranche sind hier ansässig.

Die kleine Stadt Biberach hat eine wunderschöne Altstadt – besonders lohnend sind Spaziergänge durch das Viertel Weberberg und der Aufstieg zum Gigelberg, der am Weißen Turm und am Gigelturm, zwei der Biberacher Wahrzeichen, vorbeiführt. Biberach selbst bietet sich als Ausgangspunkt für zahlreiche Fahrradtouren im Bereich des nördlichen und mittleren Oberschwabens an; Übernachtungsmöglichkeiten für jede Geldbeu-

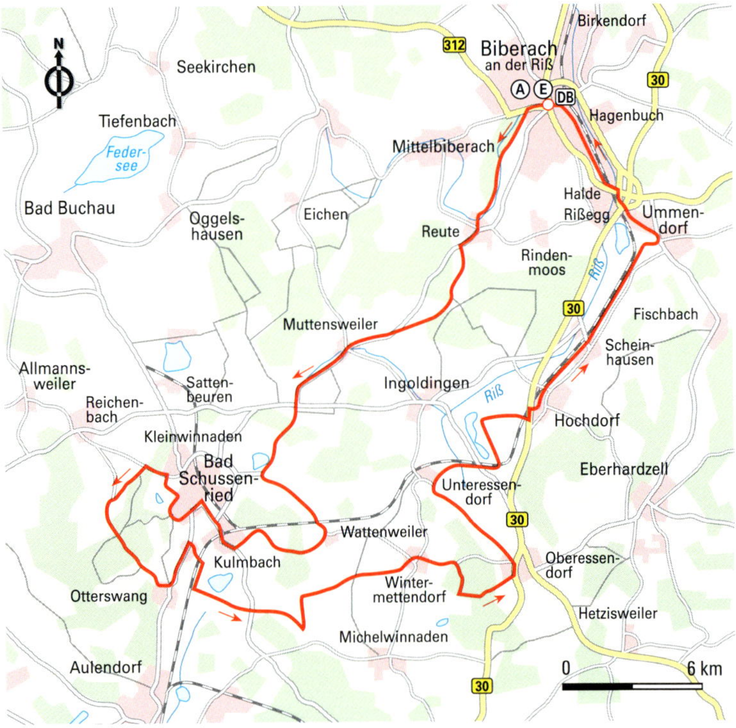

telgröße sind vorhanden. Von dort aus fahren wir in westlicher Richtung und folgen der Radwegbeschilderung nach Bad Schussenried. Der Radweg ist hier auf weiten Teilen mit dem Verlauf von Jakobsweg und Hauptwanderweg 5 des Schwäbischen Albvereins identisch, sodass stets genug Wegweiser zur Orientierung zur Verfügung stehen.

Am Schwaigfurter Weiher kann man gefahrlos »ins Rudern« kommen …

Vorsicht Biber! Wir verlassen also das Stadtgebiet von Biberach und gelangen durch das malerische Wolfental, vorbei an der nicht mehr betriebenen Wolfentalmühle und stets am Rotbach entlang, nach Reute. In den letzten Jahren sind im Bereich des Rotbachs wieder einige Biber sesshaft geworden; bisweilen sieht man ihre Bissspuren an den Bäumen am Bachrand. Wir folgen dem Radweg weiter und gelangen über Voggenreute und Grodt/Muttensweiler nach Steinhausen, dessen berühmte Kirche wir schon von Weitem erblicken können.
Ein besonders schöner Ort zum Verweilen befindet sich übrigens einige Meter vor der Ortschaft Grodt, wenn wir den Wald aus Richtung Reute verlassen haben; nette Mitmenschen haben dort ein schönes Plätzchen mit einem Bänkchen gestaltet.

Ladestation

Rad-Service-Zipfel, Ehinger-Tor-Str. 25, Biberach; Schwarzbierhaus Dicke Hilde, Ziegeleiweg 2, Bad Schussenried

Von Steinhausen aus fahren wir in westlicher Richtung, überqueren vorsichtig die stark befahrene Kreisstraße und passieren auf Höhe des Weilers Lauhaus den malerischen Olzreuter See, der im Sommer zum Baden einlädt (jedoch nur für Schwimmer!).

Der Olzreuter See mit seiner Umgebung ist noch eine Art Geheimtipp in Oberschwaben. Im Umkreis des Sees befindet sich auch eine für die Region typische Gaststätte auf einem Bauernhof, in der Most getrunken und regionale Produkte verzehrt werden können. Direkt am See ist die Gaststätte Seehof gelegen.

Beeindruckende Wallfahrtskirche

Ein Halt bei der Wallfahrtskirche Unserer Lieben Frau in Steinhausen lohnt sich, denn die von 1728 bis 1733 errichtete Barockkirche gilt als »schönste Dorfkirche der Welt«.

Der Autor vor der schönsten Dorfkirche der Welt

Zurück in die oberschwäbische Vergangenheit Nun fahren wir von Olzreute aus nach links zu der kleinen Ortschaft Hervetsweiler und dann weiter über Feldwege nach Kürnbach zum dortigen Kreisfreilichtmuseum. In diesem Freilichtmuseum sind landschaftstypische Bauten aus Oberschwaben wieder errichtet worden. In regelmäßigen Veranstaltungen werden während des Sommers Einblicke in alte oberschwäbische Traditionsberufe gewährt. Man sollte sich hier etwas Zeit nehmen, um Korbmachern und Sattlern über die Schulter zu blicken. Zum Saisonende findet ein Schlachtfest statt. Da gibt es Kesselfleisch und frische Würste mit Fleisch aus der Region – so zubereitet wie früher. Eine Schau alter Nutztierrassen zeigt, wie sich der Umgang mit Schlachttieren verändert hat. Viele Anregungen und Eindrücke lassen sich bei Vorführungen zur historischen Vorratshaltung gewinnen. Übrigens befinden sich auf dem Museumsareal auch Obstbäume mit alten Sorten und Beete mit traditionellen Kräutern und Gemüse; alles wird von kundigen Gärtnern und einem Baumwart betreut.

Wir verlassen Kürnbach und folgen der Beschilderung auf dem Radweg zum Stadtzentrum von Bad Schussenried, passieren dann das dortige Freibad Zellersee und verlassen die Stadt wieder in nordwestlicher Richtung. Auch Bad Schussenried bietet einige Sehenswürdigkeiten, z.B. die berühmte Barockbibliothek, und touristische Höhepunkte wie die Erlebnisbrauerei Ott mit ihrem berühmten Bierkrugmuseum.

Einsame Stille am See

Wer nicht schon in Bad Schussenried hängen bleibt, folgt wieder der Straßenbeschilderung, fährt auf einer wenig befahrenen Landstraße über Hopferbach und weiter nach Otterswang.

Wer tritt, kommt nicht ins Rudern – oder doch? Nun geht es weiter in südlicher Richtung zum Schwaigfurter Weiher, in dem zwar nicht gebadet werden kann, dafür aber ein Ruder- oder Tretboot gemietet oder in der Weihergaststätte eine Erfrischung eingenommen werden kann. Auf jeden Fall bietet sich hier die Möglichkeit, andere Muskeln als beim Radeln zu betätigen. Wir bewegen uns weiter über sehr schwach befahrene Landstraßen und gelangen über Laimbach und Lippertsweiler nach Winterstettendorf. Von dort aus fahren wir durch das »Wilde Ried« nach Oberessendorf und halten uns nun auf dem parallel zur B 30 verlaufenden, jedoch abgesetzten Fahrradweg wieder in nördlicher Richtung. Das »Wilde Ried« ist, wie schon sein Name sagt, eine vielfach naturbelassene Hochmoorfläche, in der früher auch Torf abgebaut wurde. Es erstreckt sich auf einer Fläche von 26 Hektar und ist ein im Bereich der Gemeinden von Eberhardzell und Ingol-

Der Schatten des Esels

Der berühmteste Bürger, der zeitweise hier wohnende Dichter Christoph Martin Wieland, wurde in Oberholzheim bei Laupheim geboren. Dessen »Geschichte der Abderiten«, in der antike Schildbürger einen Prozess um den Schatten eines Esels führen, diente als Vorbild für die vom Bildhauer Peter Lenk aus Bodman am Bodensee geschaffene Skulptur, die in Biberach zunächst umstritten war.

dingen liegendes geschütztes Biotop. Auf dem weitverzweigten und unverbrauchten Wegenetz im Wilden Ried lassen sich wunderschöne, »kopfreinigende« Spaziergänge unternehmen.

Wir durchqueren die Ortschaft Unteressendorf und fahren nun erneut auf grünen Planwegen zur Lindenmühle, die am malerischen Lindenweiher liegt. Sie wird allerdings nur noch als Gaststätte mit angeschlossener Landwirtschaft betrieben und hat nur am Wochenende geöffnet. Sonst besteht die Möglichkeit, sich in Hochdorf zu stärken, weshalb wir auf dem befestigten Landwirtschaftsweg von der Lindenmühle aus in nordwestlicher Richtung dorthin fahren.

Erntedankteppich Otterswang

Der ganze Stolz der Otterswanger Frauen ist der Früchteteppich, den sie alljährlich zum Erntedankfest in der Kirche St. Oswald auslegen. Für das Kunstwerk werden lediglich Samen und Körner verwendet und keinerlei farbliche Zusätze, sodass das Gesamtwerk nur über die eigenen Farben der verwendeten Früchte wirkt. Obst und Eier bilden den Rahmen dieses Teppichs. Seine Motive sind stets Ereignisse aus der Bibel oder sonstige religiöse Begebenheiten. Lediglich der Untergrund des Früchteteppichs besteht aus einer Platte mit aufgemalten Motiven. Wer also zur Zeit des Erntedankfests durch Otterswang radelt, sollte unbedingt diesen Teppich in der Rokoko-Pfarrkirche aus dem 18. Jh. besichtigen.

Von Hochdorf aus hat man nur noch dem Fahrradweg, der direkt an der Bahnlinie mitten im Rißtal liegt, zu folgen und gelangt über Schweinhausen nach Ummendorf, wo es wieder Einkehrmöglichkeiten gibt. In Ummendorf bietet sich das Naturfreibad im Sommer für eine wunderbare Erfrischung zum Abschluss einer Fahrradtour an. Wer es etwas gehobener möchte, kann die Ortschaft Ummendorf in nordwestlicher Richtung verlassen und gelangt zum Jordanbad. Das Jordanbad bietet gehobene Gastronomie und im Thermalbad mit seiner einzigartigen Saunalandschaft lässt es sich wunderbar entspannen.

Über den an der Straße entlangführenden Radweg geht es dann wieder nach Biberach, zum Ausgangspunkt unserer Tour, zurück.

Diese Radtour beinhaltet so viele regionale Sehenswürdigkeiten und gastronomische Ziele, dass über sie allein bereits ein Buch geschrieben werden könnte. Ich verweise allerdings gerne auf entsprechende Veröffentlichungen auf den Webseiten der Gemeinden und des Landratsamtes sowie der Oberschwaben Tourismus GmbH.

Durch das südliche Rißtal

Oberschwäbische Flussursprünge

2

Diese Tour beginnt ebenfalls im Stadtzentrum von Biberach, direkt am Bahnhof. Es bietet sich auch noch ein kurzer Abstecher durch die Innenstadt an. Wer nicht aufpasst, bleibt bereits hier hängen und nimmt sein Frühstück in einem der vielen Cafés zu sich.

leicht | 55 km | 5 Hm | 4–5 Std.

Tourencharakter
Leichte Tour mit wenig Steigung, überwiegend asphaltierte Radwege und Landstraßen

Ausgangs-/Endpunkt
Biberach, Bahnhof

Anfahrt
Bahn: Zug bis Biberach und Bad Waldsee, Halbierung der Tour und Rückkehr nach Biberach von Bad Waldsee aus über Aulendorf möglich; Auto: Über die B 30 von den Autobahnen kommend nach Biberach

Karte
Topografische Karte des Landesvermessungsamtes Baden-Württemberg 1:50 000; Rad- und Wanderkarte »Oberschwaben« der Medienagentur GeoMap 1:50 000

Einkehr
Zahlreiche Einkehrmöglichkeiten in den Orten Biberach, Bad Waldsee und Ummendorf. Besonders zu empfehlen: Bräuhaus, Ummendorf, Tel. 07351/444 30; Café Weichhardt, Biberach, Tel. 07351/82 89 25

Information
Oberschwaben-Tourismus, Bad Schussenried, Tel. 07583/33 10 60, oberschwaben-tourismus.de

Auf dem Weg zum Alpenpanorama Wir verlassen die Innenstadt auf Radwegen in südlicher Richtung und biegen nach ca. 1,5 Kilometern rechts an der Beschilderung zum Stadtfriedhof ab. Dem Radweg folgen wir, bis wir zu der kleinen Ortschaft Rindenmoos gelangen, wo wir in der Ortsmitte nach rechts in die Auwiesenstraße abbiegen. Hier bietet sich die Gaststätte »Pfanne« noch einmal für eine gutbürgerliche Einkehr an, bevor wir auf dem asphaltierten grünen Planweg weiter in Richtung Rindenmooser Wald radeln. Dieser Wald ist eines der Erholungsgebiete der Stadt Biberach und im Sommer ein willkommener Schattenspender, in dem mittlerweile auch einige Biotope angelegt sind. Man kann sich also dort eine Weile aufhalten; an der Waldarbeiterhütte (»Rehhütte«) befindet sich eine Grillstelle. Am Wanderparkplatz radeln wir an der Schranke vorbei und

Erwin-Hymer-Museum

Im Museum wird in einer einzigartigen Entdeckungstour die Geschichte, Gegenwart und Zukunft des mobilen Reisens dargestellt. Die über 6000 m² große Dauerausstellung zeigt mehr als 80 historische Wohnwagen und Reisemobile. Die Besucher »reisen« auf den Traumrouten der Welt und lernen den Reiz des mobilen Reisens kennen. Neben dem Eintauchen in die Geschichte der Pioniere sind auch vielfältige Einblicke in Technik, Entwicklung, Produktion und Design möglich. Also ein Museum zum Anfassen und Mitmachen mit modernster Informationstechnologie.

biegen ca. 200 Meter weiter nach rechts ab. Wir halten uns nun permanent auf dem in dieser Richtung verlaufenden Waldweg und gelangen zum kleinen Weiler Voggenreute, von wo aus es auf dem asphaltierten Landwirtschaftsweg weiter nach Ingoldingen geht. Auf der Hochebene genießen wir bereits den schönen Ausblick zum Alpenpanorama, zum Bussen und zur weltberühmten Wallfahrtskirche von Steinhausen.

Von Ingoldingen aus fahren wir nun auf verkehrsmäßig sehr schwach frequentierten Landstraßen über Winterstettenstadt und Winterstettendorf nach Michelwinnaden, wo die Möglichkeit besteht, etwas außerhalb des Ortes die Quelle des Flusses Riß zu besichtigen. Hier sollte man Vorsicht walten lassen, da es in Oberschwaben leider oft der Fall ist, dass im Grenzbereich von Landkreisen die Radwege nicht sehr gut ausgebaut oder noch nicht vorhanden sind.

Schloss Ummendorf

Das Schloss Ummendorf wurde um 1560 von Matthias Manlich, einem Augsburger Patrizier und Zeitgenossen der Fugger und Welser, erbaut. Nach seinem Tod verkauften seine Erben den rechteckigen Bau mit den Ecktürmen an das Kloster Ochsenhausen. Nach der Säkularisation fiel das Kloster an den Fürsten Metternich und 1825 an das Königreich Württemberg. Bis heute ist das Schloss in staatlicher Hand. In jüngster Zeit nutzte die Hochschule Biberach das dem Land Baden-Württemberg gehörende Schloss für Feiern. Seit 2011 hat die Gemeinde Ummendorf das Schloss komplett vom Land gemietet und vermarktet es nun als Veranstaltungsstätte.

Zu einem Geheimtipp unter den oberschwäbischen Kurorten Weiter radeln wir über Steinenberg nach Bad Waldsee, der wunderschönen oberschwäbischen Kurstadt mit dem malerischen See in der Mitte. Kurz vor der Stadt weist ein Schild zum »Mostbauer«, eine der ersten in Oberschwaben eröffneten Besenwirtschaften.

In Bad Waldsee bieten sich im Stadtzentrum zahlreiche Gaststätten für eine ausgiebige Rast an; besonders zu empfehlen sind das Gasthaus am Marktplatz und die schönen Cafés am See. Bad Waldsee ist ohnehin einer der oberschwäbischen Geheimtipps für einen mehrtägigen Aufenthalt. Neben Thermalbad und entsprechenden Kureinrichtungen bietet die Stadt vor allem für die Kinder ein Wildgehege und für Ambitionierte hält der Golfclub Oberschwaben einen der schönsten Golfplätze der Region bereit. Auch bei schlechtem Wetter wird es in Bad Waldsee nicht langweilig, weil die Stadt selbst fünf Museen unterhält. Sicherlich ist das »Spätzle-Museum«, das weltweit einzige übrigens, am ori-

Oberschwäbische Riedlandschaft

ginellsten. In Bad Waldsee ist die unter Campern sehr bekannte Firma Hymer, die seit langer Zeit Wohnmobile und Caravans produziert, angesiedelt. Neueste Attraktion dieser Firma ist das Erwin-Hymer-Museum, in dem man sich über die Geschichte des Campings und die Firma Hymer mit ihren Produkten informieren kann.

Zum Stadtgebiet von Bad Waldsee muss man nichts sagen, besonders, wenn man zum ersten Mal dort ist. Sofort ins Auge sticht der zentral in der Stadt gelegene See, den man in einer halben Stunde bequem auf wunderschönen Wegen umwandern kann, aber bitte Vorsicht: Die Fahrräder sollten wir unbedingt irgendwo stehen lassen, da von vernünftigen Leuten hier sowieso nicht Rad gefahren wird, und für die anderen ist es verboten. Bei den vielen Gaststätten und Cafés im Innenstadtbereich und um den See fällt es

Fahrradverleih und -service

Fahrradprofis Biberach, Kolpingstr. 12, 88400 Biberach, 07351/21474, fahrradprofis.de; 2Rad Center Bad Waldsee, Claude-Dornier-Str. 1, 88339 Bad Waldsee, Tel. 07524/9968070, goelz-räder.de

einem sehr schwer, konkret Ratschläge zu erteilen. Sogar für Vegetarier gibt es ein eigenes Restaurant, nämlich »Die Möhre«. Ein besonders reizvoller Ort, vor allem für Kinder, ist das Naherholungsgebiet Tannenbühl mit seinem Wildgehege, welches etwas außerhalb der Stadt liegt.

Wer sich von der Stadt lösen konnte, verlässt sie in östlicher Richtung und hält sich nun an die Wegweiser in Richtung Mühlhausen. Wir machen das und nach ca. zwei Kilometern auf der wenig befahrenen Landstraße biegen wir nach links in Richtung Mittishaus ab. Von dort geht es weiter über die Ortschaften Hetzisweiler und Wagenhalden nach Eberhardzell im Umlachtal. Eberhardzell ist eine erstaunlich aktive Gemeinde im Umlachtal, die bereits in frühesten Zeiten eine Art Handels- und Kulturpunkt für die Bewohner der umliegenden Weiler und Höfe war. Im Dorf ist eigentlich alles vorhanden, was zum Leben auf dem Land erforderlich ist, und es gibt sehr viele aktive Vereine, die sich auch das Radfahren auf ihre Fahnen geschrieben haben. Aus diesem Grund bietet die Gemeinde auf ihrer Internetpräsenz einige Tourenvorschläge an. Von Eberhardzell aus fahren wir in nördlicher Richtung nach Biberach und kommen nach ca. zwei Kilometern wieder auf einen neuen Radweg, über den wir durch das Dorf Fischbach weiter nach Ummendorf gelangen. Ummendorf ist sozusagen das Tor zum Umlachtal; gleichzeitig befindet es sich aber auch mit seinen Randbezirken im Rißtal. Ummendorf ist ebenfalls eine sehr aktive Gemeinde mit einem hohen Gemeinsinn. Genauso wie Eberhardzell ist auch Ummendorf als »Wintersportzentrum« für Freunde des kurzen Skilaufs am Feierabend und bei Flutlicht bekannt. Beide Gemeinden haben auf ihren Gemarkungen von Privatinitiativen betriebene, kleinere Skiliftanlagen.

Ganz »normale« Mosterei – von wegen

Bei Steigmiller-Lutz in Ummendorf wird nur chemisch unbehandeltes Obst verarbeitet. Deshalb lassen die Leute, die Wert auf unverfälschten naturreinen Geschmack legen, dort ihr Obst verarbeiten.

Der Kunde profitiert natürlich von der Vielfalt der angebotenen Produkte und von der Experimentierleidenschaft des Brennmeisters Johannes Lutz, der immer wieder mit neuen Produkten überrascht.

Natürlich ist bei einer Mosterei mit angeschlossener Brennerei ein Obstwasser der Klassiker, aber es gibt auch Zwetschgenwasser, Mirabellengeist und Himbeerwasser, und die Hauptsache ist, dass man kein normales Wasser trinken muss. Inzwischen wird auch ein regionaler Whiskey angeboten.

Bad Waldsee mit seinem wunderschönen Stadtsee

Von Ummendorf aus können wir über einen Weg entlang der Bahnlinie in der Talmitte nach Biberach radeln; es besteht aber auch wieder die Möglichkeit, auf der östlichen Talseite des Rißtals durch das Jordanbad nach Biberach zu gelangen.
Das Thermalbad dort bietet sich für eine abendliche Entspannung nach einer – für Stromradler nicht ganz so – anstrengenden Radetappe an. Wer nicht baden möchte, kann den Tag auch mit einem gediegenen Mahl im Parkhotel beenden. Dieses Hotel wurde vor einigen Jahren gemeinsam mit dem neu erbauten Bad eröffnet. Es eignet sich auch hervorragend als Basisstation für mehrtägige Aufenthalte oder einen Kurzurlaub im Bereich Biberach. Die Innenstadt ist mit dem Fahrrad leicht zu erreichen, aber man ist trotzdem etwas abgekoppelt und kann, wenn man möchte, die vielfältigen Therapie-, Fitness- und Wellnessangebote nutzen.

Ladestation

Rad-Service-Zipfel, Ehinger-Tor-Str. 25, Biberach; Bräuhaus Ummendorf, Bachstraße 10; Hotel Gasthof Gaum, Bahnhofstraße 7, Ummendorf; Gasthof Hotel Linde, Biberacher Straße 13, Ummendorf

3 Von Ochsenhausen durch das Tal der Rot

Beschauliche Barockrunde

leicht | 75 km | 45 Hm | 6 Std.

Tourencharakter
Leichte Tour mit wenig Steigung, überwiegend auf asphaltierten Rad- und Landwirtschaftswegen

Ausgangspunkt
Ochsenhausen, Bahnhof

Endpunkt
Biberach

Anfahrt
Bahn: ÖPNV-Anreise über Bahnhof Biberach, danach mit dem Bus Nr. 250 nach Ochsenhausen; Auto: Über die Autobahnen nach Ulm, weiter auf der B 30 bis Biberach und weiter auf der B 312 nach Ochsenhausen. Alternative: auf den Autobahnen bis Memmingen und von dort aus nach Ochsenhausen

Karte
Topografische Karte des Landesvermessungsamtes Baden-Württemberg 1:50 000; Rad- und Wanderkarte »Oberschwaben« der Medienagentur GeoMap 1:50 000

Einkehr
Zahlreiche Gaststätten überwiegend in den Hauptorten am beschriebenen Wegverlauf; in den kleineren Orten nur wenige Bäckereien mit Kaffeeausschank

Information
Oberschwaben-Tourismus, Bad Schussenried, Tel. 07583/33 10 60, oberschwaben-tourismus.de

Unsere Tour beginnt am Bahnhof von Ochsenhausen, wo man auch das Auto abstellen kann. Der Bahnhof von Ochsenhausen wird nicht mehr vom öffentlichen Bahnverkehr bedient, ist jedoch Heimatbahnhof der Museumsbahn »Öchsle«.

Eine besondere Attraktion ist die Anfahrt mit dieser einzigen, noch vollständig erhaltenen Schmalspureisenbahn von Warthausen nach Ochsenhausen zum Startpunkt der geschilderten Radtour. Die Museumsbahn bietet die Möglichkeit zur Fahrradverladung. Wir verlassen das Stadtgebiet von Ochsenhausen in südliche Richtung und erreichen das örtliche Naturfreibad »Ziegelweiher«, welches bewirtschaftet ist und die erste Mög-

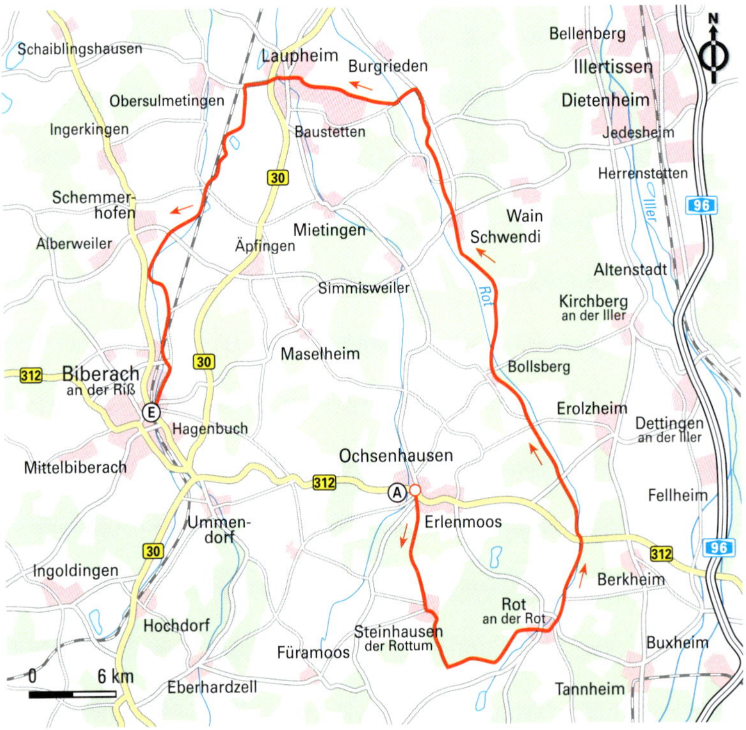

Oberes Tor in Rot an der Rot (links) und Öchsle Bahnhof in Ochsenhausen (rechts)

lichkeit zu einer herrlichen Auffrischung im Sommer bietet. Wir durchqueren nun den Fürstenwald und folgen den Fahrradwegweisern in Richtung Steinhausen an der Rottum. Entlang dieser Strecke passieren wir den St.-Anna-Hof, wo sich ebenfalls in einem kleinen, gepflegten, aber nicht bewirtschafteten Weiher die Möglichkeit zu einem erfrischenden Bad bietet.

An der Kapelle St. Anna biegen wir nach rechts ab und fahren durch das Dorf Steinhausen an der Rottum weiter in Richtung Hirschbronn, biegen aber auf Höhe von »Stadelhaus« nach links ab und folgen der Radwegebeschilderung an Einzelgehöften vorbei, bis wir nach Rot an der Rot kommen.

Schon von Weitem ist die Klosterkirche St. Verena in Rottal sichtbar. Das Kloster wurde bereits im 12. Jahrhundert als Prämonstratenserkloster Mönchsroth gegründet. Höhepunkte sind übrigens die regelmäßig stattfindenden Orgelkonzerte auf der bekannten Orgel in der Klosterkirche.

Fahrradverleih und -service

bike & fun, Untere Wiesen 12, 88416 Ochsenhausen, Tel. 07352/8257; Fischbach Drehtechnik und Fahrradhandel, Schmiedstr. 30, 88471 Laupheim, 07392/3607; Fahrradservice, Armin Schnirring, Mälzerstr. 1, 88447 Warthausen, Tel. 07351/828050

Von Rot bis Rot an der Rot entlang Rot an der Rot, das früher Mönchsroth hieß, ist einer der Hauptorte der Oberschwäbischen Barockstraße und dementsprechend befinden sich hier sehr gepflegte Sehenswürdigkeiten wie die Pfarrkirche St. Verena mit ihrem prächtigen geschnitzten Chorgestühl und der Orgel des Mindelheimer Orgelbaumeisters Johann Nepomuk Holzhey. Rot an der Rot ist zudem eine Station der Mühlenstraße Oberschwaben; ein berühmter Sohn des Ortes ist der Maler und Holzschneider HAP (Helmut Andreas Paul) Grieshaber, dem eine Dauerausstellung gewidmet ist, welche nach Absprache im Rahmen einer Führung besichtigt werden kann. Rot bietet sich auch für die Mittagsrast an, bevor es dann am Rot-Weg entlang auf herrlich ruhigen Talwegen weitergeht.

Klosterkirche St. Verena

Die Gemeinde Rot an der Rot hat diesen Pfad mit seinen 24 Informationstafeln eingerichtet; Interessierte sollten sich durchaus Zeit für einen längeren Aufenthalt nehmen und die hinter den Informationstafeln stehenden Begebenheiten und Bauten erkunden. Zu diesem Zweck veranstaltet die Gemeinde Rot an der Rot auch themenbezogene Führungen, zu denen man sich anmelden kann. Informationen dazu befinden sich auf der Internetseite der Gemeinde (rot.de).

In der Ortschaft Eichenberg folgen wir dem Radweg und überqueren die stark befahrene B312 über eine Radlerbrücke. Nun kommt ein Wegabschnitt durch eine fast abgeschiedene Gegend, die Genussradeln schlechthin bietet. Lediglich zwei vom Autoverkehr frequentierte Straßen sind bei Bechtenrot und Edelbeuren noch zu überqueren, dann gelangen wir bereits zur Ortschaft Gutenzell-Hürbel, einer weiteren Perle der Oberschwäbischen Barockstraße.

Ladestation

Rathaus Laupheim Marktplatz 1, Laupheim; Beim Löwensaal, Bischof-Uhlrich-Straße 24, Laupheim; Haupteingang Sporthalle, Bühler Steige 3, Laupheim

Auch Gutenzell-Hürbel liegt an der Mühlenstraße, weshalb eine Sägemühle und die Herrschaftsmühle zu besichtigen sind. Hauptsehenswürdigkeiten der Ortschaft sind natürlich die ehemalige Klosterkirche, die vor allem in der Weihnachtszeit einen sehr starken Zuspruch findet, weil dann die einzigartige Barockkrippe aufgebaut ist. Wir folgen dem Radweg weiter am Fluss entlang und passieren die Weiler Niedernzell und Weitenbühl, bevor wir die Ortschaft Schwendi erreichen.

Zeitgenössische Kunst auf der Etappe In Schwendi ist das Weishaupt Forum als lebendiger Mittelpunkt des weltweit tätigen Unternehmens Weishaupt angesiedelt. Das Gebäude ist ein Werk des New Yorker Architekten Richard Meier und wurde als zentrales Schulungs-, Ausstellungs- und Sozialgebäude der Firma errichtet. Es steht in einer Reihe mit anderen bedeutenden Bauten wie das Ulmer Stadthaus. Der Inhaber der Firma, Siegfried Weishaupt, gilt als einer der größten Kunstliebhaber und -mäzene; seine in der Kunsthalle Weishaupt in Ulm untergebrachte Sammlung genießt Weltruf. Schwendi verlassen wir in nördlicher Richtung und gelangen durch die Ortschaften Großschafhausen und Orsenhausen nach Burgrieden-Rot, dem Endpunkt unserer Fahrt durch das Rottal.

In der Ortschaft befindet sich in der ehemaligen Villa Fugger das »Museum Villa Rot«. Das Museum bezeichnet sich als zeitgenössisches Ausstellungshaus mit interkultureller Programmatik. Es ist weit über den Landkreis Biberach hinaus bekannt und erfährt großen Zuspruch. Einblicke in aktuelle Ausstellungen oder Dokumentationen über bereits stattgefundene Ausstellungen gibt es auf der Internetseite des Museums (villa-rot.de). Das Museum ist von Mittwoch bis Sonntag und an Feiertagen jeweils nachmittags ab 14 Uhr geöffnet. Es gibt dort auch ein Museumscafé.

Unsere Fahrt verläuft nun weiter auf dem Radweg in westlicher Richtung, und wir erreichen über das Dorf Bühl und den Flugplatz der Heeresflieger die Stadt Laupheim. Laupheim ist die zweitgrößte Stadt des

Judenfriedhof in Laupheim

Berühmte jüdische Mitbürger stammen aus Laupheim, einst eine der größten jüdischen Gemeinden Württembergs. Einer von ihnen war Kilian von Steiner, einer der bedeutendsten Bankiers des 19. Jh., der von Württembergs König sogar den Adelstitel verliehen bekam, aber auch Friedrich Adler, ein Professor an einer Hamburger Kunstgewerbeschule, der in Auschwitz ermordet wurde. In Laupheim befinden sich noch einige erhaltene Gebäude aus jüdischem Besitz, die mittlerweile unter Denkmalschutz stehen. Der 250 Jahre alte Friedhof liegt auf dem Judenberg, wo sich die erste jüdische Ansiedlung Laupheims befand. Auf dem Judenfriedhof befinden sich ca. 1200 Grabstellen und etwa 1000 erhaltene Grabsteine mit deutschen und hebräischen Inschriften.

Grieshaber-Ausstellung

HAP Grieshaber war einer der bekanntesten Söhne der Gemeinde Rot an der Rot, auch wenn er den größten Teil seines Lebens im Raum Reutlingen verbrachte. Die Gemeinde erinnert an den bekannten Drucker und Holzschneider mit einer Dauerausstellung im Rathausgebäude.

Landkreises Biberach und war früher eine der größten jüdischen Gemeinden. Technikliebhaber wie ich verbringen immer noch eine Weile am Zaun des Flugplatzes, weil dort die größten Hubschrauber der Bundeswehr stationiert sind.

Der Gründer der Filmmetropole Hollywood, Carl Laemmle, stammte ebenfalls aus dieser Laupheimer Gemeinde. Das Schloss Großlaupheim ist ein Museum zur Geschichte von Christen und Juden und nicht nur hier soll unsere Radtour noch einige beschauliche und zum Nachdenken anregende Akzente bekommen. Das weit über die Landesgrenzen hinaus bekannte Laupheimer Planetarium sollte man sich ebenfalls nicht entgehen lassen; erforderliche Informationen stellt das Planetarium auf seiner Website (planetarium-laupheim.de) zur Verfügung. Die Stadt Laupheim als separaten Teil eines Aufenthalts in Oberschwaben anzufahren, lohnt allemal.

Alte Klostermühle in Rot an der Rot

Von Laupheim aus haben wir die Möglichkeit, schon direkt ab dem Bahnhof Laupheim-Mitte zurück nach Biberach zu gelangen. Dieser Bahnhof wird allerdings nicht so oft angefahren; er eignet sich jedoch hervorragend als Anbindung zu den weiterführenden Zügen der Südbahn. Es ist allerdings auch möglich weiterzuradeln, weshalb wir das Stadtgebiet von Laupheim in westlicher Richtung verlassen und zum Bahnhof Laupheim-West fahren. Hier hat man noch einmal die Gelegenheit, größere Züge in Richtung Biberach und Ulm oder nach Friedrichshafen zu nutzen.
Da wir aber ein Fahrradbuch schreiben, radeln wir nun nach links und gelangen zu den Baggerseen des Rißkieswerks, von denen einer als Freizeit- und Wassersportsee der Erholung dient. Auch hier gibt es wieder Möglichkeit zum Verweilen; es lässt sich sehr gut ein erfrischendes Bad nehmen und natürlich ist für das leibliche Wohl gesorgt.
Die Tour führt uns dann weiter nach Schemmerberg, wo wir wieder auf den Lauf der Riß treffen. In Sichtweite der Riß radeln wir über Schemmerhofen und Warthausen, den Radwegsymbolen folgend, weiter nach Biberach. Die Tour lässt sich abkürzen, wenn man in Laupheim-West, Schemmerberg oder Warthausen in den Zug steigt.

Von Memmingen nach Bad Wurzach

4

Vom Flusstal zum Hochmoor

Für den Aufenthalt in Memmingen sollte man ruhig einige Stunden einkalkulieren, wenn nicht überhaupt sogar einige Tage dort logieren. Memmingen bezeichnet sich selbst als Stadt der Tore und Türme und besitzt in der Tat eine wunderschöne Altstadt, die über die Jahrhunderte hinweg liebevoll gepflegt und erhalten wurde.

Memmingen ist eine Station an der oberschwäbischen Barockstraße; die Kirche St. Martin und die Frauenkirche sollen hier stellvertretend genannt werden. 150 Gaststätten und Restaurants sorgen in dieser Stadt für kulinarischen Genuss. Memmingen war Handelsplatz, aber auch schon sehr früh Industriestandort. Touristisch gesehen ist die Stadt bereits seit langer Zeit für Fahrradfahrer interessant, da sie sich im topfebenen Illertal befindet.

Zu den Ausläufern des württembergischen Allgäus Unsere Tour beginnt am Bahnhof von Memmingen im Allgäu. Von dort aus radeln wir gemäß der Beschilderung nach Westen zum Buxheimer Weiher, einer Naherholungsstätte mit großen Biergärten am Ufer. Auch Buxheim lohnt allemal für einen kurzen Halt, als Hauptsehenswürdigkeiten seien Kirche und Kartause genannt. Wir verlassen die Ortschaft in westlicher Richtung und gelangen

mittel | 50 km | 100 Hm | 5 Std.

Tourencharakter
Mittelschwere Tour mit teilweise knackigen Anstiegen, für Pedelec-Fahrer jedoch unproblematisch. Auf den reizvollsten Streckenteilen teilweise nicht asphaltiert

Ausgangspunkt
Memmingen, Bahnhof

Endpunkt
Bad Wurzach, Kurhaus

Anfahrt
Bahn: Zug bis Memmingen; Auto: Über die A 96 aus Richtung München/Lindau, A 7 aus Richtung Ulm/Füssen

Karte
Topografische Karten des Bayerischen Landesvermessungsamtes sowie des Landesvermessungsamtes Baden-Württemberg 1:50 000; Rad- und Wanderkarte »Oberschwaben« der Medienagentur GeoMap 1:50 000

Einkehr
Größere Gasthäuser in den durchfahrenen Orten

Information
Oberschwaben-Tourismus, Bad Schussenried, Tel. 07583/33 10 60, oberschwaben-tourismus.de

Fahrradverleih und -service
Fahrrad- und Spielzeugecke Busduga, Aitrach, Tel. 07565/57 56; Rad- und Rollercenter Heiß, Memmingen, Tel. 08331/925 50 00

am Ufer der Iller auf den Iller-Radweg. Diesem folgen wir nun und überqueren den Fluss kurz nach Mooshausen beim dortigen Kraftwerk. Am westlichen Flussufer geht es weiter bis ins Zentrum des Ortes Aitrach; wir befinden uns nun im Bundesland Baden-Württemberg.
In Aitrach biegen wir von der Hauptstraße nach links auf den Oberhauser Weg ab und fahren auf dieser mäßig frequentierten Kreisstraße weiter, bis wir der Beschilderung entsprechend die kleine Ortschaft Treherz erreichen. Von dort aus geht es weiter in westlicher Richtung nach Hauerz und Dietmanns, einer kleinen Ortschaft am östlichen Rande des Wurzacher Rieds. Hauerz ist ein Dorf zwischen Bad Wurzach und Rot an der Rot. Die Gemeinde besaß in früheren Jahrhunderten eine Heilquelle. Die vorgeschilderten kleinen Orte verfügen alle über sehenswerte kleine Kirchen des oberschwäbischen Barocks.

In der Ortsdurchfahrt von Dietmanns biegen wir am entsprechenden Schild nach rechts in Richtung Ried ab. Wir durchradeln nun einen der wenigen mit dem Fahrrad benutzbaren Pfade des Wurzacher Rieds und gelangen auf direktem Weg zum Kurhaus und ins Zentrum des kleinen Ortes, den ich gerne als oberschwäbisches Tor zum Allgäu bezeichne.
Bad Wurzach bietet sich als Übernachtungsort dieser Teiletappe an. Die Stadt Bad Wurzach unterhält das Thermalbad »Vitalium«, eine kleine, aber feine Einrichtung, der ein großer Wellnessbereich angegliedert ist.

Adler Dietmanns

Der Adler war früher eine Landgaststätte wie viele andere. Mittlerweile ist er aber vor allem bei Liebhabern von Kabarett und Kleinkunst hoch geschätzt. Schon früh wurde aus der Gaststätte auch eine Theaterbühne, und das mit so großem Erfolg, dass die klangvollsten Namen dieser Szene dort regelmäßig gastieren. Aber auch als Speisegaststätte und Ausflugsziel genießt der Adler einen guten Ruf; im Sommer ist er bereits ab 11.30 Uhr geöffnet und in seinem Biergarten lässt sich hervorragend eine Zwischenrast einlegen. Allerdings sollte man beachten, dass der Adler am Dienstag und Mittwoch geschlossen ist. Auf der Internetseite (adler-dietmanns.de) findet man auch die Speisekarte.

Vitalium

Auch Bad Wurzach verfügt über Thermalwasser und baute deshalb schrittweise sein Wellnessbad Vitalium aus. Das Vitalium unterscheidet sich wohltuend von anderen Bädern, da es hier ruhiger zugeht. Man verzichtete auf aufgeregte Attraktionen, die ein Spaßbad charakterisieren, und setzte von vornherein auf Wohlbefinden und Wellness – mit der dazugehörigen Ruhe. Dies macht das Bad zu einem Geheimtipp als »Wohlfühl-Oase« (vitalium-bad-wurzach-de).

Der Riedsee im Wurzacher Ried

Links: Das Rathaus von Memmingen

Die Stadt sei richtigen »Allgäu-Genießern« als ruhiger Aufenthaltsort und Ausgangsort für schöne Radtouren sowohl im Sommer als auch im Herbst empfohlen. Bad Wurzach hat nicht den Charakter einer Kurstadt mit aufgeregten abendlichen Vergnügungen, sondern eignet sich eher für einen beschaulichen Aufenthalt. Hier kommt man zur Ruhe. Sehr interessant sind die Einrichtungen des Naturschutzbundes, welcher sich in einzigartiger Weise um Dokumentation, Pflege und Erhalt des Wurzacher Rieds kümmert. Das Naturschutzzentrum, das bereits 1985 gegründet wurde, bietet Ansprechpartner bei Fragen zum Naturschutz und zum Wurzacher Ried und ist auch idealer Ausgangspunkt für Exkursionen dorthin. Diese Exkursionen sind jedoch nicht mit dem Fahrrad zu machen.

Barocktreppenhaus Bad Wurzach Mitten im Städtchen Bad Wurzach steht das von Graf von Waldburg-Zeil-Wurzach seinerzeit errichtete neue Schloss. Das dreiflügelige Schloss kann zwar nicht besichtigt werden, doch sein einzigartiges barockes Treppenhaus steht den Besuchern täglich zur Besichtigung zur Verfügung. Dieses Treppenhaus zählt zu den schönsten seiner Art in ganz Süddeutschland; die vielfach gewundenen Treppen schwingen sich prächtig geschmückt durch drei Stockwerke und das Deckenfresko bildet den griechischen Gott Herakles ab, wie er auf einem goldenen Wagen durch das Himmelsgewölbe fährt.

Glasfabrik Bad Wurzach Egal aus welcher Richtung man sich Bad Wurzach nähert, schon von Weitem fallen zwei große Schornsteine auf. Wenn man sich intensiver mit der Geschichte der Stadt am Ried befasst, dann wird einem klar, dass diese In-

Wurzacher Ried

Vor der Kurstadt befindet sich eines der größten, noch weitgehend im Urzustand erhaltenen Hochmoore Mitteleuropas. In grauer Vorzeit war die jetzige Riedfläche ein großer See, den die geschmolzenen Gletscher der Eiszeit hinterließen. In den folgenden Jahrtausenden entstanden Sumpfwälder; Nieder- und Hochmoore wuchsen heran. Später wurde das Moor von Menschen genutzt, die den Torf trockneten, pressten und dann als Brennstoff verwendeten. Viele Bewohner von Bad Wurzach waren über Generationen hinweg im Torfstich beschäftigt. Davon zeugt nun ein ca. 1,5 km langer Rundweg mit Informationstafeln, der durch einen Teil des Wurzacher Rieds führt. Auf dieser »Spur der Torfstecher« kann man über Holzbohlenwege und Stege durch die Moorlandschaft wandern. Manchmal sieht man noch Teile der alten Förderanlagen, die nach Stilllegung des Betriebs im Moor belassen wurden. Auf den Gleisen der Lorenbahn, mit der der Torf aus dem Ried gefahren wurde, rollt heute eine kleine Museumsbahn.

Blick auf das vorherbstliche Wurzacher Ried aus Richtung Albers

dustrieanlage sehr wichtig für eine Stadt in dieser Größe und in dieser Region ist. Im Jahr 1946 entstand die Idee, aus dem Torf des Wurzacher Rieds durch Verkoken Gas zu gewinnen und damit Glas zu schmelzen. Schon frühzeitig führte man in der Wurzacher Glasfabrik gesammeltes und farblich sortiertes Altglas wieder dem Schmelzofen zur Neuproduktion zu. In diesem Bereich hatte die Fabrik aus Bad Wurzach eine Vorreiterrolle und konnte so ihren Standort halten. Die Firma kann man im Rahmen eines von der Kurverwaltung organisierten Besichtigungsprogramms besuchen und wer gut aufpasst, kann auch erkennen, dass die Stadt Produkte der Glasfabrik teilweise in die Gestaltung von Außenanlagen integriert hat. Im Eingangsbereich des Vitaliums befindet sich ein schönes Zierobjekt mit vielen Farben von Glasscherben.

Aus dieser Tour kann man zusammen mit der folgenden Tour 5 auch einen zweitägigen Ausflug machen. Wurzach wäre dann der ideale Übernachtungsort. Hier verliert man keine Zeit für die Anfahrt, falls man am nächsten Morgen weiterradeln will.

Von Bad Wurzach nach Memmingen

5

Kleine Höhenetappe mit Käsegeschmack

Unsere Tour beginnt in Bad Wurzach und führt uns über sehr schöne Teile des württembergischen Allgäus nach Memmingen. Wer als Freund des Barocks allerdings noch eine Weile in Wurzach, wie der Oberschwabe sagt, zubringen möchte, der sollte unbedingt das Wurzacher Schloss besichtigen, in dem sich eines der schönsten Barocktreppenhäuser Süddeutschlands befindet.

Es ist übrigens jeden Tag zu besichtigen und zwar von 8 bis 18 Uhr und der Eintritt ist frei. Zudem sollte man noch einen Blick auf die Deckenfresken in der Pfarrkirche St. Verena werfen; hier hat der Maler Andreas Brugger ein Meisterwerk geschaffen. Mit dem Barock wenig zu tun hat das »Leprosenhaus«, das in den vorigen Jahrhunderten als Spital für Aussätzige diente.
In diesem Haus ist außerdem eine Dauerausstellung des Malers Sepp Mahler untergebracht. Sepp Mahler widmete sein Lebens-

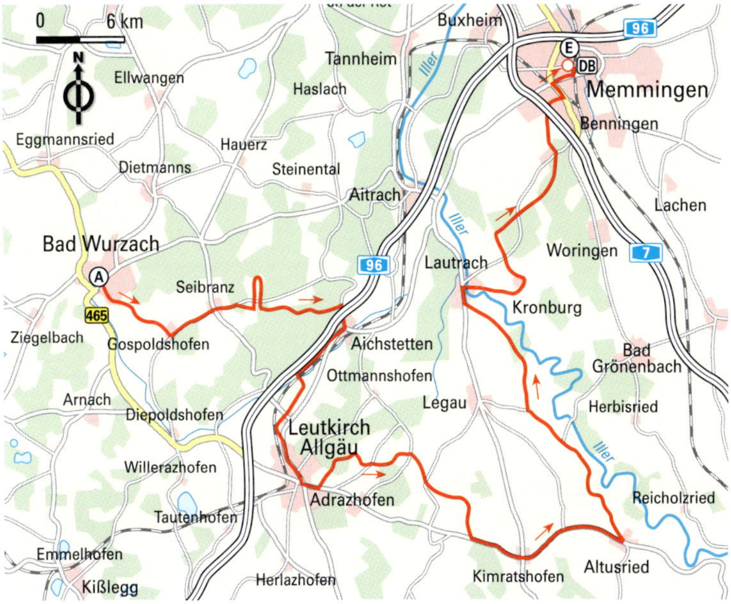

mittel | 50 km | 100 Hm | 7 Std.

Tourencharakter
Mittelschwere Tour mit teilweise knackigen Anstiegen, für Pedelec-Fahrer jedoch unproblematisch

Ausgangspunkt
Bad Wurzach, Kurhaus

Endpunkt
Memmingen, Bahnhof

Anfahrt
Bahn: Anfahrt per ÖPNV nur mit Bus möglich; Auto: Über die A 96 aus Richtung München/Lindau, A 7 aus Richtung Ulm/Füssen, B 30/B465 aus Richtung Biberach

Karte
Topografische Karten des Bayerischen Landesvermessungsamtes sowie des Landesvermessungsamtes Baden-Württemberg 1:50 000; Rad- und Wanderkarte »Oberschwaben« der Medienagentur GeoMap 1:50 000

Einkehr
Sennerstüble, Gospoldshofen, Tel. 07564/35 83; Schwäbisches Bauernhofmuseum, Illerbeuren, bauernhofmuseum.de; Museumsgasthof, Gromerhof, Tel. 08394/594, gasthof-gromerhof.de

Information
Oberschwaben-Tourismus, Bad Schussenried, Tel. 07583/33 10 60, oberschwaben-tourismus.de; Stadtinformation Memmingen, Tel. 08331/85 01 72, memmingen.de

werk dem Wurzacher Ried und den Menschen, die dort lebten. Wir verlassen das Stadtgebiet von Bad Wurzach in südlicher Richtung und sehen rechts den Gottesberg, ein Kloster der Salvatorianer, in dem noch vier Klosterbrüder leben, die auch als Pfarrer zum Teil Seelsorge in Nachbargemeinden verrichten.

»Tanken« beim Käser in Gospoldshofen

Nicht alles Käse, auch wunderschöne Landschaft Wir radeln weiter über die Kreuzung zum fünf Kilometer entfernten kleinen Ort Gospoldshofen, der für seine Käserei bekannt ist. In früherer Zeit wurde die von Bauern angelieferte Milch in dieser Käserei zu Allgäuer Emmentaler verarbeitet. Es konnte schon immer der Käse direkt in der Käserei gekauft werden; früher schnitt ihn der Käser selbst vom Rad. In der Zwischenzeit wurde an die Käserei ein Gastronomiebetrieb mit integriertem Laden angebaut; auch ein sehenswertes kleines Käsereimuseum wurde eingerichtet. Stromradler finden dort eine Stromtankstelle für fast alle gängigen Akkuformate. Die Stromtankstelle wurde in Zusammenarbeit mit einem großen Fahrradgeschäft aus Bad Wurzach eingerichtet; im Pannenfall kommt jemand von diesem Geschäft zur Käserei und hilft.

Nach dem hoffentlich nicht eingetretenen Pannenfall, aber der erfolgten Stärkung fahren wir weiter zur Ortschaft Seibranz,

Salvatorkolleg

Das Kolleg wurde von den Salvatorianern aus Lochau in Österreich im Jahr 1924 als Internatsschule gegründet, nachdem sie bereits im Jahr 1921 die Wallfahrtsseelsorge auf dem Bad Wurzacher Gottesberg übernommen hatten.

Der Schulbetrieb fand bis zum 2. Weltkrieg statt, dann wurden viele der Patres zum Kriegsdienst einberufen. Unmittelbar nach Kriegsende nahm die Schule den Betrieb wieder auf und blieb bis zum Jahr 1994 Internat, das von berühmten Schülern besucht wurde.

In einer Seitenkapelle der Wallfahrtskirche auf dem Gottesberg befindet sich die Heilig-Blut-Reliquie, die jährlich am zweiten Freitag im Juli bei der zweitgrößten Reiterprozession Mitteleuropas mitgeführt wird. Die größte Reiterprozession ist übrigens der Blutritt im nahe gelegenen Weingarten.

von wo es auf einer kleinen Kreisstraße nach Osten zum Hof Talacker geht.
Interessierte können nun einen Abstecher nach links machen, wo die Kartause Marienau im Wald liegt. Die Kartause ist üblicherweise nicht zu besichtigen, es handelt sich um die einzige bestehende Kartause im deutschsprachigen Raum. Eine Ausnahme besteht lediglich für männliche Besucher, die täglich um 15 Uhr von der Empore der Klosterkirche der Kartause einem Vespergottesdienst beiwohnen können.
Die Kartäuser sind seit den Sechzigerjahren des letzten Jahrhunderts in Marienau ansässig. Sie kamen damals aus dem Raum Düsseldorf, wo ihre Ruhe und Abgeschiedenheit durch den Flughafenbau in Gefahr gewesen wäre. Die Mönche haben ein Schweigegelübde abgelegt und leben in sparsamster Einfachheit. Sie sind in eine grobleinene Kutte gekleidet, die ihnen auch als Totenhemd dient, weil sie keinen Sarg bekommen, sondern in der Kutte, auf ein Brett gelegt, begraben werden. Wer die Kartause besucht hat oder sich gegen einen Besuch entschieden hat, kann im Weiler Talacker nach rechts abbiegen und gelangt zum sogenannten Karlistal, das von Rippoldshofen aus in westliche Richtung und nach Unterquerung der Autobahn nach Altmannshofen führt.

Fahrradverleih und -service

Fritz Roland Fahrräder, Altusried, Tel. 08373/7880; Radl-Stadl, Memmingen, Tel. 08331/82537

In den Süden nach Mailand Nun geht es weiter in südlicher Richtung nach Mailand, einem kleinen Weiler kurz vor Leutkirch. Wir fahren weiter zur Stadtmitte von Leutkirch, wo wiederum Möglichkeiten zur Rast und gegebenenfalls Pannenhilfe bestehen. Leutkirch ist ein typisches Allgäustädtchen, das aber auch mit einigen speziellen Sehenswürdigkeiten aufwartet. So sollte man unbedingt das »Museum im Bock«, in dem die Geschichte der Stadt dokumentiert wird, anschauen. Im Museum befinden sich vollständig eingerichtete Werkstätten von Käsern, Wagnern und Schuhmachern, die Einblick in die damalige Arbeitswelt geben. Auch eine sehenswerte Sammlung von reich ausgestatteten Puppenstuben zeugt vom »bürgerlichen Wohnen« der damaligen Zeit. Ein Schwerpunkt des Museums ist die religiöse Volkskunst und hier besonders die Schnitzkunst aus Gotik und Barock.
Eine Ausstellung über Glas erwartet man im Allgäu weniger, doch unweit von Leutkirch gibt es das Glasmacherdorf Schmids-

felden, wo immer noch Kunst und Haushaltsgegenstände aus Glas produziert werden.
Die Stadt verlassen wir dann wieder in östlicher Richtung und biegen vor dem Stadtweiher nach links ab. Wir folgen dem Radweg bis Wielazhofen, von wo es weiter nach Hofs geht.
Zu dem kleinen Ort Hofs gehört auch der Weiler Rotis, in dem der berühmte Designer Otl Aicher wohnte. Aicher kreierte u. a. die Logos der Olympischen Spiele 1972 in München. Aichers Ehefrau war eine Schwester der Geschwister Scholl.

Ladestation

Veloce – der Radladen, Brühlstraße 16, Leutkirch; Allgäu Bike Sports, Poststraße 5, Leutkirch; Bahnhof Leutkirch; Radsport Geser, Bahnhof 5, Leutkirch

Kleiner Grenzverkehr Von Hofs aus fahren wir nun über Ausnang und Kimratshofen nach Altusried, dem Veranstaltungsort der gleichnamigen Festspiele und dem fiktiven Wohnort des aus der Literatur bekannten urigen Allgäuer Kommissars Kluftinger, auf dessen Spuren hier gewandelt werden kann.
Aus Richtung Leutkirch kommend haben wir nun den baden-württembergischen Landkreis Ravensburg sowie die bayerischen Landkreise Unter- und Oberallgäu passiert, die in dieser Ecke aufeinandertreffen. Von nun an gibt es keine Steigungen mehr. Wir radeln nordwärts auf dem Iller-Radweg und gelangen durch Maria Steinbach nach Il-

Der berühmteste Bürger von Altusried

Bereits elf Krimis sind über den kauzigen Kommissar Kluftinger, seine Erika und seinen Intimfeind Dr. Langhammer geschrieben worden. Alle Fettnäpfchen, in die man treten kann, wenn man sich moderner Technik oder unbekanntem Essen verweigert, hat Klufti zielsicher getroffen.
Altusried hat durch seinen »prominentesten Mitbürger« Berühmtheit im ganzen deutschsprachigen Raum erlangt. So ist es auch nicht überraschend, dass viele Reisende von der Illertalautobahn herunterfahren und ins Allgäu kommen, um die in den Romanen beschriebenen Schauplätze zu besuchen.
In Altusried gibt es hierfür die »Krimi-Führungen«, bei denen man Altusried erkundet und viele Orte wie die Häuser von Familie Kluftinger und Dr. Langhammer, das Milchwerk, das Musikheim und die Allgäuer Freilichtbühne zu sehen bekommt.
Die Führungen finden von Frühjahr bis Herbst jeden zweiten Freitag um 16 Uhr statt; Auskunft erteilt die Gästeinformation Altusried, Tel. 08373/7051.

lerbeuren, wo das Bauernhofmuseum zur Besichtigung einlädt. Für die Besichtigung dieses Museums sollte man sich allerdings etwas länger Zeit nehmen, da auf dem Areal über 30 Häuser aufgebaut sind. Diese Häuser geben einen Einblick in die Baugeschichte des Allgäuer und Illertaler Bauerntums; außerdem befindet sich auf dem Areal eine Landmaschinenausstellung, eine Sammlung von Grabkreuzen und die Dokumentation des Schützenwesens im Regierungsbezirk Schwaben.

Der Autor vor der Kirche in Buxheim

Links: Die Illerschleife

Von Illerbeuren aus radelt man weiter nach Kronburg, einem kleinen Ort mit ebenfalls sehr sehenswerten Baudenkmälern. Schon von Weitem sieht man das Schloss, das sich über den Illerwinkel erhebt. Das Schloss ist eines der schönsten Renaissanceschlösser Bayerns, es bietet sich als Ort für Seminare, Tagungen und andere Anlässe sowie allerlei Festivitäten an. Durch das Schloss führt der Schlossherr die Besucher noch selbst und es besteht die Möglichkeit, in der Schlosskapelle den Bund fürs Leben zu besiegeln. Die Veranstaltungsbandbreite übers Jahr reicht von Schlosskonzerten über Gartenevents bis zum Weihnachtsmarkt.

Schließlich geht es auf schwach frequentierten Rad- und Feldwegen über Dickenreishausen nach Memmingen.

6 Von Ehingen nach Riedlingen und zurück

Mit dem Rad auf Pilgerwegen

mittel | 80 km | 200 Hm | 8 Std.

Tourencharakter
Mittelschwere Tour mit einigen kernigen Steigungen auf überwiegend asphaltierten Rad- und Feldwegen

Ausgangspunkt
Ehingen/Donau, Bahnhof

Endpunkt
Stadtgebiet Ehingen

Anfahrt
Bahn: Zug bis Ehingen oder Riedlingen; Auto: Über die Autobahnen nach Ulm und von dort aus über die Landstraße nach Ehingen

Karte
Topografische Karte des Landesvermessungsamtes Baden-Württemberg 1:50 000; Karte »Oberschwaben« der Medienagentur GeoMap 1:50 000

Einkehr
Brauerei Blank, Riedlingen-Zwiefaltendorf, Tel. 07373/643, brauerei-blank.de; Berg Brauerei, Ehingen-Berg, Tel. 07391/77 17 10, bergbier.de

Information
oberschwaebischer-pilgerweg.de

Fahrradverleih und -service
rad & sport Ersing, Hauptstraße 195, 89584 Ehingen (Donau), Tel. 07391/781 96 42, radundsport-ersing.de; Todzi Zweiradhandel, 89597 Munderkingen, Tel. 07393/2022

Unsere Tour, die sich grob an einer Schleife des oberschwäbischen Pilgerwegs orientiert, beginnt am Bahnhof der Donaustadt Ehingen. Menschen, die nun der Meinung sind, dass eine große Durststrecke vor ihnen liegt, sobald sie die Bierkulturstadt Ehingen verlassen, kann man getrost eines Besseren belehren. Pilger pilgerten schon immer zu Klöstern – und wo Klöster waren, gab es schon immer Mönche, die Bier brauten.

Nach Munderkingen Die Altstadt von Ehingen verlassen wir, indem wir einige Meter entlang des Mühlwegs (B 465) radeln und nach rechts in die Murrengasse abbiegen. Von dort aus geht es einige Meter an der Bahn entlang, deren Gleise wir überqueren. Auf grünen Planwegen fahren wir dann nach Westen zur Ortschaft Stetten. Von Stetten aus folgen wir der Radwegebeschilderung und gelangen nach Munderkingen mit seiner wunder-

Riedlingen an der Donau

schönen Altstadt. Auch hier sollte man sich Zeit nehmen und mit dem Auge genießen.

Munderkingen ist eines der typischen oberschwäbischen Städtchen, das dem Umland als Versorgungszentrum diente. Der Pilger findet seine Ruhe in der Frauenbergkapelle, die sich auf einer Anhöhe, nämlich dem Frauenberg, befindet und mit ihrem markanten Turm weithin sichtbar ist. Bei einem Spaziergang durch Munderkingen entdeckt man Skulpturen von Störchen, die von ortsansässigen Vereinen und Organisationen gestaltet wurden.

Wir folgen dem Donau-Radwanderweg und gelangen über Untermarchtal nach Rechtenstein.

In Untermarchtal befindet sich eine Kloster- und Schlossanlage, in der Schulen und Pflegeeinrichtungen untergebracht sind. Diese Einrichtungen werden von den Vinzentinerinnen, einem Orden Barmherziger Schwestern, betrieben.

Ladestation

Gaststätte Schönblick, Zum Bussen 24, Uttenweiler; Naturfreibad Uttenweiler

Nun radeln wir weiter nach Obermarchtal, wo die erste barocke Kirche Oberschwabens steht. Es handelt sich um das Münster St. Peter und Paul, die Stiftskirche des Klosterneubaus der Prämonstratenser, die im Jahr 1701 geweiht wurde. Das Münster wurde von Vorarlberger Baumeistern erbaut und besitzt eine grandiose Holzhey-Orgel, die von einem berühmten Orgelbaumeister aus Mindelheim gebaut wurde. Das Markanteste an dieser Kirche ist, dass bei der Gestaltung der Stuckdecken gänzlich auf Farbe verzichtet wurde. Deshalb entsteht die einzige »Farbgebung« durch die Facetten des Lichts, das durch die Kirchenfenster fällt. Diese einzigartige Farblosigkeit lässt eine für die Andacht ruhige Situation entstehen.

In schnellem Schuss Nun geht es auf schattigem Weg den Berg hinunter, aber Vorsicht: Hier ist es wegen der Lage über dem Fluss und dem Schatten manchmal länger nass und es kann rutschig sein – auch an Sonnentagen, an denen man es gar nicht erwartet. Über die Donaubrücke rollen wir dann nach Rechtenstein, einem malerischen Örtchen, in dessen Bahnhofswirtschaft mit angeschlossenem großem Biergarten sich eine schöne Rast einlegen lässt. Bei Rechtenstein befindet sich auch die Braunsel, ein Quellbach, der nicht einmal einen Kilometer lang ist und in die Donau mündet. Die Atmosphäre an diesem Bach ist einzigartig schön, vor allem wenn der Herbst sein Farbenspiel zeigt.

Von Rechtenstein aus bewegen wir uns auf dem dort sehr idyllischen Teil des Donauradweges weiter und gelangen nach Zwiefaltendorf. In Zwiefaltendorf befindet sich direkt an der Donau ein Grillplatz, der von vielen Kanufahrern als Anlegestelle benutzt wird. Von hier aus ist es auch möglich, mit einem geliehenen Kanu eine Etappe auf dem Fluss zurückzulegen. Die Kanuverleiher nehmen übrigens das Fahrrad

Der Bussen – »heiliger Berg« Oberschwabens

Bussen

Der Bussen wird der »Heilige Berg von Oberschwaben« bezeichnet. Er ist 776 Meter hoch und deshalb schon von weit her sichtbar. Auf dem Bussen befindet sich eine Wallfahrtskirche, zu der Gläubige, die ihre Sorgen und Nöte zur Mutter Gottes tragen wollen, seit jeher pilgern. Kinderlose Ehepaare bitten auf dem Bussen um Kindersegen; ein Kind bringen sie von ihrer Wallfahrt auf jeden Fall mit: das Bussenkindle, auf Oberschwäbisch »Bussakendle«, die Figur eines Wickelkindes aus Marzipan. Um den Bussen führt der Schöpfungsweg, dessen sieben Stationen Impulse spiritueller Natur vermitteln sollen.

auf ihrem Transporter bis zu der Anlegestelle mit, wo man ankommt, sodass man nachher seine Tour gleich fortführen kann. Zwiefaltendorf ist allerdings auch als Übernachtungsstation geeignet, falls man die Tour über mehrere Tage machen möchte. Die Brauerei Blank ist dafür wie geschaffen, weil sie neben ihrem selbst produzierten Bier auch Most herstellt. Eine kleine Brennerei rundet das Getränkeangebot ab. Die gutbürgerliche Küche, die das gesamte kulinarische Angebot Oberschwabens umfasst, ist in der ganzen Umgebung bekannt.

Weiter geht es nach rechts entlang der Zwiefalter Aach. Wir gelangen über die Ortschaft Baach nach Zwiefalten, dessen Münster Unserer Lieben Frau wir auch schon von Weitem sehen können. Zwiefalten ist einer der Höhepunkte der oberschwäbischen Barockstraße; Münsterkonzerte sorgen in den Sommermonaten für kulturelle Glanzpunkte, während in der kälteren Jahreszeit die Zwiefalter Museen Einblicke in Brauchtum und Volksfrömmigkeit sowie die Entwicklung des Psychiatriewesens bieten.

Psychiatriemuseum

Ganz besonders zu erwähnen ist hier das württembergische Psychiatriemuseum, in dem nicht nur die hellen Seiten in der Geschichte hiesiger Psychiatrie beleuchtet werden. Das Museum ist in einer ehemaligen Kapelle auf dem Gelände des Zentrums für Psychiatrie Südwürttemberg untergebracht.

Bierkulturstadt

Wer sich nach Ende der Tour mit einem Bier belohnen möchte, hat mehrere Brauereien in der Bierkulturstadt Ehingen zur Auswahl: Adler Brauerei, Hauptstraße 116; Gasthof Brauerei Schwanen, Herrengasse 7; Brauerei Gasthof zum Rössle, Hauptstraße 171; Brauerei Schwert, Am Viehmarkt 9.

Zwiefalten ist aber auch der Sitz der berühmten Klosterbrauerei und hat sich in den letzten Jahren immer mehr zu einem Radlerparadies entwickelt. So sind von Zwiefalten aus der Alb-Radweg und der Donauradweg befahrbar; an Sonn- und Feiertagen kann auch der Zubringerbus nach Münsingen genutzt werden. Sehr empfehlenswert ist von Zwiefalten aus ein Abstecher zur Wimsener Höhle, der einzigen Höhle in Deutschland, die man mit dem Boot befahren kann. Menschen, die sich für diesen Abstecher entscheiden, sollten aber auch im Hochsommer eine wärmende Jacke mitführen, da es im Inneren der Höhle sehr kühl ist. Von Zwiefalten aus fahren wir nun zurück über Baach zur Ortschaft Bechingen, wo wir im Ortsteil Zell wieder an die Donau kommen.

In Sichtweite der Bahnlinie radeln wir weiter nach Unlingen und folgen der Beschilderung zum Bussen, dem »heiligen Berg Oberschwabens«. An klaren Tagen kann man vom Bussen aus die Alpenkette bewundern; der Sichtwinkel reicht etwa von Füssen bis zum Säntis.

Offizielles Schild des Donau-Radwanderwegs

Vom Bussen aus rollen wir über die Orte Offingen und Aderzhofen nach Uttenweiler mit seiner markanten Kirche. Die Kirche besitzt zwei Zwiebeltürme und war in früherer Zeit Bestandteil eines Augustiner-Eremiten-Klosters. Die Gemeinde verfügt über ein wunderschönes Naturfreibad, das sich im Sommer für eine Rast anbietet.

Wir verlassen Uttenweiler über die Hauptstraße in östlicher Richtung und biegen in die Steigstraße ein, wo wir den grünen Planwegen folgen und nach einigen Kilometern in die Ortschaft Grundsheim gelangen. In Grundsheim verehren die Gläubigen in der Wallfahrtskirche zwei Kreuzpartikel in barocker Fassung.

Unsere Tour führt uns weiter über Unterstadion und Emerkingen nach Rottenacker, wo wir dem Donauradweg wieder bis Ehingen folgen.

Vor den Toren Ehingens liegt die Ortschaft Berg, wo sich in der Brauereiwirtschaft bei einem gutbürgerlichen Mahl und einem vorzüglichen Bier die Tour beenden lässt. Die Brauerei bietet Pedelecs zum Verleih an. Außerdem erhält man hier einen Prospekt mit Ausflugsvorschlägen.

Untermarchtal

Das Kloster kann auch als Unterkunfts- bzw. Ausgangsort für einige Radtouren in diesem Buch genutzt werden. Im Kloster wird für Gestresste eine Auszeit angeboten. Menschen, denen der Stress des Alltags über den Kopf wächst, haben die Möglichkeit, in klösterlicher Umgebung bei Stille und Meditation wieder zu sich zu finden. In Untermarchtal wurde 1972 die Kirche von den »Barmherzigen Schwestern vom Heiligen Vinzenz von Paul« erbaut. Diese dient seit einigen Jahren auch als Radfahrerkirche am Donauradwanderweg.

Von Beuron nach Ulm – erste Etappe bis Zwiefaltendorf

7

Durch das wilde Donautal zum kultivierten Preußentum

Diese Tour orientiert sich am Donau-Radwanderweg und verläuft auch überwiegend auf diesem. Für die Anfahrt sollte man die Bahn nehmen, da so die Rückholung des Autos entfällt. Ich empfehle für die Tour, wenn möglich, Wochentage zu wählen, da dann die Radwege nicht so stark frequentiert sind.

Nach dem Verlassen des Zuges sollte man in Beuron unbedingt das Kloster besuchen. In der Klostermetzgerei kann man auch gleich seine Brotzeit für das erste Vesper einkaufen. Entlang unseres Weges gibt es sehr viele hervorragende Möglichkeiten, dieses auf einem schönen Bänkchen an der Donau zu genießen. Das Kloster bietet sich natürlich auch für eine Besichtigung an, ebenso das »Haus der Natur«.

Wir fahren nun stets auf dem ausgeschilderten Weg entlang der Bahnlinie durch das sich hier eng um die mäandernde Donau schließende klassische Donautal. Hier bieten sich traumhafte Ausblicke, u. a. auf die rechts oben liegende Burg Wildenstein, die als Jugendherberge genutzt wird. Dieser Streckenabschnitt ist für

leicht | 80 km | 200 Hm | 9 Std.

Tourencharakter
Leichte Tour nahezu ohne Steigung. Meist wassergebundene oder asphaltierte Radwege

Ausgangspunkt
Beuron, Bahnhof

Endpunkt
Riedlingen oder Zwiefaltendorf

Anfahrt
Bahn: Mit der Bahn von Ulm oder aus Richtung Freiburg nach Beuron; Auto: Über die Autobahnen nach Ulm und von dort aus über die Bundesstraße in Richtung Donaueschingen oder über die A 81 bis Tuttlingen, dort in Richtung Beuron

Karte
Topografische Karte des Landesvermessungsamtes Baden-Württemberg 1:50 000

Einkehr
Talhof Donautal und viele andere Möglichkeiten an der Strecke

Information
Naturpark Obere Donau e.V., Beuron, Tel. 07466/928 00, naturpark-obere-donau.de

Fahrradverleih und -service
Eppinger Heinz, E-Bike-Verleih, Hintere Dorfstraße 6, 88631 Beuron, Tel. 07579/93 37 06, valleybike.de; Radsport Günzel, Unterriedstr. 15, 88499 Riedlingen, Tel. 07371/927298, radsport-guenzel.de; Radladen Sattelfest, Burgstraße 10, 72488 Sigmaringen, Tel. 07571/68 22 55, sattelfest-sigmaringen.de

mich der Klassiker schlechthin. Wegen der märchenhaften Ausblicke ist man immer wieder versucht, eine längere Pause einzulegen.
Wenn man ein Stück weiter fährt, dann sieht man links oben auf dem Berg das Schloss Werenwag, das leider nicht besichtigt werden kann – jedoch allein schon der Anblick des Schlosses vom Talgrund aus ist eine der klassischen Ansichten des Donautals schlechthin. Werenwag gehört heute dem Hause Fürstenberg. Früher wurde auf der Burg die Kunst gepflegt. So lebte hier gemäß dem Gedicht der »Nachtigall von Werenwag« das Burgfräulein Lütgarde, das gar anmutig sang.
Weiter geht es am Fluß entlang über Hausen im Tal, wo man theoretisch auch aufs Wasser umsteigen könnte, da Kanus zu mieten sind. Ab nun lohnt sich der Blick nach oben auf die Felsen, an denen ab und zu Kletterer zu sehen sind.
Auch Gutenstein und Dietfurt sind typische Ortschaften im Donautal; überall finden sich kleine Rastplätze und Grillstellen, aber auch ein ausreichendes Angebot an gutbürgerlicher Gastronomie ist vorhanden. Bei Inzigkofen erweitert sich der Talquerschnitt wieder, und wir sehen schon von Weitem das Schloss Sigmaringen, wenn wir demnächst die Ortschaft Laiz passieren.
Genussradlern, die diese Etappe halbieren möchten, sei Sigmaringen als Übernachtungs- oder Aufenthaltsort empfohlen. In der Stadt gibt es neben dem sehr sehenswerten Hohenzollernschloss und dem Staatsarchiv Sigmaringen viele andere bedeutende Sehenswürdigkeiten zu besichtigen, zumal die Oberschwäbische Barockstraße und auch die Hohenzollernstraße durch die Stadt führen.
Da im Jahr 2013 in Sigmaringen die Landesgartenschau Baden-Württemberg stattfand, wurden die Grün- und Parkanlagen im Stadtgebiet sehr aufgewertet, sodass sich dort wunderbare Erholungsflächen entwickelt haben.

Sigmaringen

Im Jahr 2013 fand in Sigmaringen die Landesgartenschau von Baden-Württemberg statt und nun erscheint die Stadt frisch herausgeputzt. Die Stadt war bereits früh Stammsitz der Hohenzollern und so wird das Stadtbild auch geprägt von preußischen Verwaltungsgebäuden. Darüber trohnt das noble Schloss mit seinen Türmen und Erkern. Sigmaringen ist aber nicht nur historische preußische Verwaltungsstadt, sondern bietet auch eine historische Innenstadt, in der sich sehr gut verweilen lässt. Sigmaringen bietet sich an für Radler, die den Donauradweg umgekehrt herum befahren wollen.

Liebhaber von deutschen Traditionsmarken unter den Motorrädern finden in Sigmaringen mit dem Zündapp-Museum ein besonderes Schmankerl vor. Gerade Nostalgiker werden sich gerne an die Zeit zurückentsinnen, in der sie ihre Stahlrösser noch nicht an der Steckdose betankten. Auch das erste von Zündapp gebaute Auto ist im Museum zu besichtigen – vielen wird die

Kloster Beuron

Kloster Beuron

Das Kloster Beuron wurde im 11. Jh. n. Chr. als Augustinerstift gegründet. Im Kloster leben zurzeit 50 Mönche, die verschiedensten Berufen nachgehen. Es gibt im Kloster Betriebe wie eine Klostergärtnerei, eine Klosterbrennerei und auch einen Kunstverlag. Hier wurden noch lange nicht alle aufgezählt und natürlich ist es auch möglich, als Gast eine Zeit hinter Klostermauern zu verbringen. Es liegt an einem selbst, wie man diesen Aufenthalt gestaltet; wer nicht unbedingt die geistige Tiefe sucht, sondern die Natur um die Klosteranlage schätzt, ist hier gleich gut aufgehoben wie jemand, der Zugang zu seinem tiefsten Inneren finden möchte. Das Kloster bietet für alle Fälle geeignete Unterkünfte an. Allerdings ist es nicht möglich, sich spontan für einen Aufenthalt zu entscheiden. Man sollte sich drei Tage vorher telefonisch oder per E-Mail beim Beherbergungspater anmelden.

Rücken-an-Rücken-Sitzposition von Fahrern und Fahrgästen noch in Erinnerung sein. Sicherheitsbewussten wird es vermutlich schaudern, wenn sie sehen, dass das Auto über eine nach vorn zu öffnende Tür bestiegen wird.

Unsere Fahrt führt uns weiter aus der Stadt und über Sigmaringendorf und Scheer nach Mengen. Überall an der Strecke gibt es nun Sehenswürdigkeiten wie das Römermuseum von Ennetach, das Keltenmuseum Heuneburg oder die hängenden Gärten des Schlosses Neufra.

Ab jetzt führt uns der Weg unmittelbar an der Donau, deren Lauf hier wieder in eine ursprünglichere Form zurückverlegt wurde, durch eine herrliche Naturflusslandschaft, bis wir in die Donaustadt Riedlingen gelangen. Riedlingen hat eine wunderschöne Altstadt mit sehr sehenswerten Fachwerkhäusern. Riedlingen ist gleichzeitig einer der Endpunkte dieser Etappe und man sollte sich, bevor man nun die nächste Etappe in Angriff nimmt, gegebenenfalls hier schon um ein Übernachtungsquartier kümmern. Eigentliches Endziel der Etappe ist der kleine Ort Zwiefaltendorf, einige Kilometer weiter donauabwärts. Leider stehen in Zwiefaltendorf nur wenige Übernachtungsmöglichkeiten zur Verfügung, sodass man sich bereits in Riedlingen wappnen sollte.

Für die Übernachtung in Zwiefaltendorf wird das Gästehaus der dortigen Brauerei empfohlen – für Radler eine Art von Rundumversorgung, weil es Übernachtung, gutbürgerliche Küche und ein sehr gutes Bier in einem Haus gibt. Wer es nur bei dieser Etappe belassen möchte, der kann vom Bahnhof Riedlingen aus die Heimreise antreten.

Schloss Sigmaringen

Die Waffenhalle im Schloss Sigmaringen zeigt eine der größten privaten Waffensammlungen Europas mit Exponaten vom Mittelalter bis zur Gegenwart. Erkundbar ist sie mithilfe eines Audioguides. Eintritt: 7 €, geöffnet März bis Juni 10–17 Uhr, Juli bis September 10–18 Uhr, Oktober bis 6. Januar 10–17 Uhr.

Schloss Werenwag

Linke Seite: Schloss Sigmaringen

8 Von Beuron nach Ulm – zweite Etappe ab Zwiefaltendorf

Von den Störchen zu den Spatzen

mittel | 60 km | 150 Hm | 8 Std.

Tourencharakter
Einige kurze, knackige Anstiege, für Pedelec-Fahrer jedoch problemlos

Ausgangspunkt
Riedlingen oder Zwiefaltendorf

Endpunkt
Ulm, Hauptbahnhof

Anfahrt
Bahn: Mit der Bahn aus Richtung Ulm oder Freiburg nach Riedlingen; Auto: Über die Autobahnen nach Ulm und von dort weiter über Bundesstraßen nach Riedlingen

Karte
Topografische Karte des Landesvermessungsamtes Baden-Württemberg 1:50 000; Rad- und Wanderkarte »Oberschwaben« der Medienagentur GeoMap 1:50 000

Einkehr
Brauerei Blank, Zwiefaltendorf; Gasthäuser Krone und Laufenmühle, beide Lauterach; Gasthaus Hirsch, Ersingen

Information
Alb-Donau-Kreis Tourismus, Ulm, tourismus.alb-donau-kreis.de; Stadt Riedlingen, riedlingen.de; Landkreis Biberach, biberach.de

Ladestation
Radshop Ehingen, Hauptstraße 195; Infoterminal am Marktplatz, Ehingen; Ehinger Rose Hotel & Restaurant, Hauptstraße 10; Hotel & Restaurant Adler, Hauptstraße 116, Ehingen; Jehle Markt, Blaubeurer Str. 76, Ulm

Diese Tour führt uns von der oberschwäbischen Storchenstadt Riedlingen nach Ulm, der Stadt mit dem weltberühmten Ulmer Spatzen (der ja in Wirklichkeit eine Taube war …). Wer in Riedlingen übernachtet hat oder die Tour dort beginnt, sollte sich Zeit für einen Aufenthalt in Zwiefaltendorf nehmen.

An der Donau entlang verläuft in diesem Bereich lediglich die Eisenbahn mit einigen Wirtschaftswegen. Es besteht allerdings auch die Möglichkeit, auf der südlichen Anhöhe des Donautals weiterzuradeln, was jedoch bedingt, dass man direkt an der viel befahrenen Bundesstraße radelt.

In Zwiefaltendorf verlassen wir die Ortschaft in nördlicher Richtung und fahren nach Emeringen, wo die erste Steigung kommt. Wir werden dafür besonders zur Herbstzeit entschädigt, wenn wir die herrlich gefärbten Wälder um die Braunsel, einen Seitenarm der Donau westlich von Rechtenstein, betrachten. Die

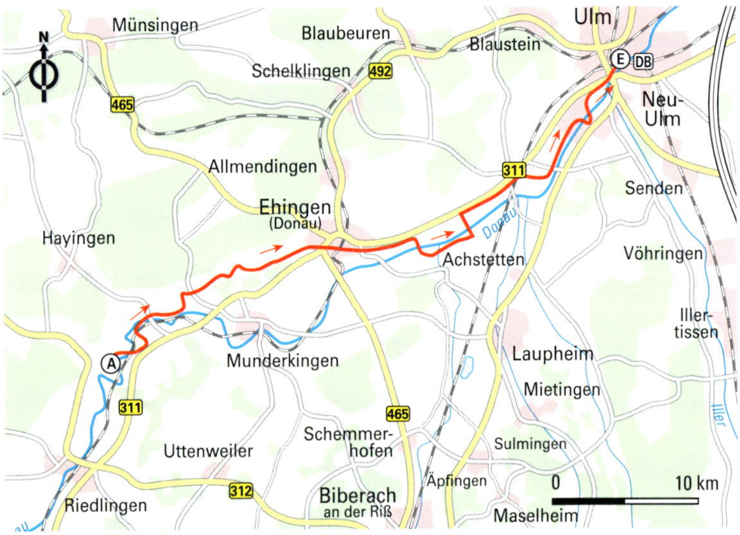

Geisterhöhle Rechtenstein

Unterhalb des Rechtensteiner Felsens, direkt an der Donaubrücke, befindet sich die Geisterhöhle oder auch Rechtensteiner Höhle. Die Spaltenhöhle im Kalk des Weißen Jura mit vier parallel verlaufenden Gängen ist 20 Meter lang. Ausgrabungen förderten Funde aus der Römerzeit zutage, in tieferen Fundlagen auch Knochen von Rentier und Höhlenbär. Zugang zu der Höhle bekommt man, wenn man im danebenliegenden Wirtshaus Zur Brücke den Schlüssel holt.

Riedlingen liegt malerisch an der Donau.

Braunsel ist gerade einmal ca. einen Kilometer lang, wird aber von mehr als 30 Quellen gespeist. Alle diese Quellen kommen aus dem Versickerungsgebiet der Lauter, also dem Lautertal.

Ins urige Rechtenstein Wir fahren nun weiter, bis wir auf die kleine Landstraße kommen, auf der wir nach rechts hinunter in den malerischen kleinen Ort Rechtenstein gelangen. Für mich persönlich ist Rechtenstein eine der urigsten Ortschaften im Donauverlauf; vom Charakter her sind solche Ortsbilder lediglich noch im klassischen Donautal zwischen Tuttlingen und Sigmaringen zu finden.

Wir gelangen wieder direkt neben den Donauverlauf, allerdings auch unmittelbar neben die Bahnstrecke. Dort fahren wir weiter und sehen oberhalb von uns Obermarchtal, biegen aber nach dem Bahnübergang links ab hinauf zum Weiler Neuburg, der spektakulär auf den Felsen thront. Von Neuburg aus geht es weiter über asphaltierte grüne Planwege nach Lauterach. Wer in Lauterach einkehrt, sollte nicht versäumen, in einem Gasthaus die »Alb-Leisa«, also die Alb-Linsen, zu probieren.

Fahrradverleih und -service

Radgarage Gnann, Biberacher Str. 4, 89584 Ehingen (Donau), 07391/52483; Radsport-Scheck, Am Wall 8, 89155 Erbach, Tel. 07305/4872, radsport-scheck.de; Thürheimer, Blaubeurer Str. 16, 89077 Ulm, Tel. 0731/176800, thuerheimer.de

Alb-Leisa Früher waren die Alb-Leisa, wie man im oberschwäbischen Dialekt zu den Alb-Linsen sagt, ein Gericht für arme Leute, das irgendwann in Vergessenheit geriet. Heute jedoch werden die Linsen wieder von engagierten Leuten in einer Erzeugergemeinschaft, die ihren Sitz in Lauterach hat, angebaut und auch vermarktet, nachdem das zunächst verloren geglaubte Saatgut interessanterweise in St. Petersburg erneut entdeckt wurde. Dort gibt es eine Saatgutbank, in der die alten, auf der Alb verschwundenen Sorten aus den Jahren 1940 bis 1950 noch aufbewahrt wurden. Das war ein großes Glück, weil die Erzeugergemeinschaft einige der Linsensamen bekommen konnte und diesen Sorten zu neuem Leben verhalf. Interessanterweise gewann die Erzeugergemeinschaft viele Betriebe der gehobenen Gastronomie für ihr Produkt, sodass man es mittlerweile wieder als »glücklicherweise rearriviert« bezeichnen kann.

Von Lauterach aus halten wir uns in Richtung Kirchen und müssen dabei auf einem sehr guten Radweg direkt an der Landstraße fahren. Entschädigt für diese Abkehr vom Donauverlauf in den allerdings nicht weniger malerischen Bereich des nördlichen Albrandes werden wir durch einen Besuch im Schloss Mochental. Dort lässt sich in der Schlossgaststätte mit Terrasse eine Rast einlegen, allerdings ist die Gaststätte erst nachmittags geöffnet. Wer etwas früher kommt, kann ja die Nikolauskapelle des Schlosses besichtigen, über der ein Fest- und Prunkraum liegt sowie der Hubertussaal. Auch eine deutschlandweit bekannte Galerie befindet sich im Schloss und als besondere Attraktion für Menschen, die mit Kunst nicht so viel anfangen können, gibt es das erste Besenmuseum der Welt.

Oberdischingen

Die Ortschaft hat ein eigenwilliges Ortsbild. Die Anordnung der alten Gebäude entspricht der Anordnung von Ortschaften in früheren Jahrhunderten, die um den Sitz der Obrigkeit und des Klerus gebaut wurden. Ganz besonders zu erwähnen ist die katholische Pfarrkirche an der Südseite des Schlossplatzes. Diese Kuppelkirche wurde nach dem Vorbild des Pantheons in Rom auf dem Grundriss eines griechischen Kreuzes im klassizistischen Stil errichtet. Etwas eigenwillig wirkt die Optik durch den Ende des 19. Jh. hinzugefügten Kirchturm mit Barockhaube, der den einzigartigen Charakter dieses Gotteshauses aber noch unterstreicht.

An Kirchen vorbei gelangen wir nun durch das Kirchener Tal in die Bierkulturstadt Ehingen an der Donau. Wer die 43 Biersorten der vier zusammengeschlossenen Brauereien

ausprobieren möchte, sollte für Ehingen einen längeren Aufenthalt einplanen. Das fällt allerdings nicht schwer, da das Bier ja nicht die einzige Attraktion dieser Region ist.
Normalerweise ist man nicht unbedingt stolz, wenn Industrieanlagen oder -produkte ein Stadtbild mit prägen. In Ehingen empfindet man das aber vermutlich ganz anders, da es fast nicht möglich ist, von den riesigen Autokränen der hier ansässigen Firma Liebherr unbeeindruckt zu sein. Wir verlassen nun Ehingen und bewegen uns weiter auf dem Donau-Radwanderweg über die Ortschaften Öpfingen nach Oberdischingen.

Liebherr

Eine der faszinierendsten Firmen im oberschwäbischen Raum ist für mich schon immer die Firma Liebherr gewesen. Das ist aber vermutlich bei allen technikinteressierten Bewohnern dieser Region so. Wenn ein Oberschwabe irgendwo in der Welt auf einer Baustelle sieht, dass die größten Baumaschinen aus seiner Heimatregion sind, dann freut es ihn doppelt.

Das Münster St. Peter und Paul in Obermarchtal

Von Oberdischingen aus radeln wir nach rechts weiter zum Teilort Ersingen. Nicht nur wenn man Kinder dabeihat, sollte man in Ersingen im Gasthaus Hirsch einen Aufenthalt einplanen. Das Gasthaus beherbergt eine Edelobstbrennerei, in der sich eine Schnapsprobe durchführen lässt. Die Kinder sind währenddessen im kleinen Streichelzoo sehr gut aufgehoben. Menschen, die der Probe zu intensiv beigewohnt haben, können dort auch übernachten. Campingfreunde dürfen hinter der Gaststätte ihr Zelt aufschlagen.
Wer sich im Hochsommer durch die Region um Ersingen und Erbach bewegt, wird seine helle Freude an den vielen Baggerseen haben. Die Gemeinden bewirtschaften einige der Baggerseen im Nahbereich der Donau. Von Ersingen aus fahren wir auf dem gut beschilderten Donau-Radwanderweg die restlichen ca. 16 Kilometer zum Stadtgebiet von Ulm. Zunächst rollt man noch durch oberschwäbische Dörfer, passiert dann aber das Industriegebiet Donautal und gelangt schließlich kurz vor der Ulmer Innenstadt zum Zusammenfluss von Donau und Iller.

9 Von Biberach ins Illertal

Mit allen Wassern – Rißwasser, Illerwasser, Hundertwasser

mittel | 40 km | 400 Hm | 4 Std.

Tourencharakter
Einige leichtere Steigungen auf überwiegend asphaltierten Landstraßen und Radwegen

Ausgangspunkt
Biberach, Bahnhof

Endpunkt
Kellmünz an der Iller, Bahnhof

Anfahrt
Bahn: Aus Richtung Ulm oder Bodensee zum Bahnhof Biberach; Auto: Über die Autobahnen nach Ulm und über die B 30 weiter nach Biberach

Karte
Topografische Karte des Landesvermessungsamtes Baden-Württemberg 1:50 000; Rad- und Wanderkarte »Oberschwaben« der Medienagentur GeoMap 1:50 000

Einkehr
Zahlreiche Einkehrmöglichkeiten in Ochsenhausen und in Erolzheim

Information
Landkreis Biberach, biberach.de; Landkreis Neu-Ulm, landkreis.neu-ulm-tourismus.de

Fahrradverleih und -service
Mr.Speiche – Reck, Wielandstr. 8, 88400 Biberach, Tel. 07351/82395, misterspeiche.de; bike & fun, Brühlstr. 42, 88416 Ochsenhausen, Tel. 07352/8257, bikeandfun-ochsenhausen.de; Veit's Radshop, Panoramaweg 31, Dettingen an der Iller, Tel. 07354/1781

Auch diese Tour beginnt wieder im Stadtgebiet von Biberach, das wir aber sogleich verlassen, indem wir uns vom Bahnhof aus auf dem Radweg in südlicher Richtung in Fahrtrichtung Jordanbad/Ummendorf bewegen.

Über die Täler Wir fahren nun ein Stück entlang der Memminger Straße und biegen dann nach der Firma Liebherr links ab, zum ersten nennenswerten Anstieg unserer Strecke. Nun radeln wir entlang der Bundesstraße bergan, bis wir die erste Möglichkeit haben, die Straße auf einer Brücke zu queren. Links von uns liegt der Stadtteil Hagenbuch, von dem aus asphaltierte Feldwege zum Weiler Winterreute führen. Kurz vor Winterreute befindet sich übrigens der Grill- und Freizeitplatz »Hohhaus«.

Am Ortsende von Winterreute biegen wir links in Richtung Bronnen ab. Nun beginnt eine Etappe, bei der es sinnvoll ist, eine gute Karte dabeizuhaben, da es sich überwiegend um Waldwege handelt. Wir lassen deshalb den kleinen Weiler Bronnen rechts liegen und fahren geradewegs in den Wald hinein, bis wir nach ca. drei Kilometern die Ortschaft Wennedach erreichen. Von dort aus halten wir uns immer entlang der Bahnstrecke der Museumsbahn Öchsle und gelangen schließlich über Reinstetten nach Ochsenhausen.

Die Ulmer Altstadt mit dem Münster über der Donau

Ochsenhausen Die Stadt liegt an der Oberschwäbischen Barockstraße zwischen Ulm und Bodensee mitten in Oberschwaben. Schon von Weitem erkennt man die gewaltige Anlage der ehemaligen Benediktiner-Reichsabtei, die die Stadt prägt. Sie ist ein kulturelles Zentrum weit über die Region hinaus und beherbergt die Landesmusikakademie. In der Stadt ist auch ein Werk der Firma Liebherr angesiedelt und die Stadt ist deshalb weltweit unter Freunden des Tischtennissports bekannt, da die Firma dem Verein den Namen gibt. Viele Menschen wissen allerdings nicht, dass Liebherr auch Kühlgeräte von Weltruf produziert – das macht sie in dieser Stadt.

In Ochsenhausen fahren wir gleich am nördlichen Ortsrand links ab in Richtung Laubach und Edelbeuren, wo wir das Tal der Rot erreichen. Nun kommt wieder eine kleine Bergetappe, die für uns aber absolut unproblematisch ist. Auf dem beschilderten Radweg fahren wir bis zum kleinen Ort Bechtenrot und biegen dort nach links auf dem Radweg in Richtung Erolzheim ab. Die Mahl- und Ölmühle Harder-Funk von 1300 in Bechtenrot war im Besitz des Klosters Ochsenhausen. Sie liegt an der Mühlenstraße Oberschwaben.

Kellmünz – Archäologischer Park

In diesem Park kann man eine Zeitreise zurück in die Römerzeit machen; damals bildete die Iller die Grenze der römischen Provinz Raetien. Der kleine archäologische Park, der sich in der Ortsmitte von Kellmünz bei der Pfarrkirche befindet, dokumentiert die Präsenz der Römer und zeigt auch anhand von farblich unterschiedlichen Steinen im Belag der Pfarrkirche die ursprüngliche Dimension der Anlage an. Im Museumsturm, der aus der Neuzeit stammt, werden die Geschichte der römischen Provinz und die Forschungsergebnisse der Grabungen in Kellmünz dokumentiert.

Diese Radwege sind nun zwar vom motorisierten Verkehr getrennt, verlaufen aber stets in unmittelbarer Nähe der Straße. Das macht sie allerdings nicht unattraktiv, weil sie stets in einem guten Pflegezustand sind und auf den Straßen – aus der Sicht ansonsten motorisierter Verkehrsteilnehmer – angenehm wenig Verkehr stattfindet. Ab Erolzheim wird alles eben, weil wir uns im Illertal befinden.

Wir fahren nun in nördliche Richtung und nutzen die erste Möglichkeit, nach rechts in Richtung Dettingen an der Iller abzubiegen. Dort fahren wir in östlicher Richtung durch Kleinkellmünz und überqueren die Ländergrenze, also den Fluss Iller. Vor der Landesgrenze unterqueren wir die hier verlaufende Autobahn mit der einzigen Kunstraststätte Deutschlands. Von der Hundertwasser-Raststätte aus fahren wir über die Iller nach Kellmünz, das durch seinen etwas regionalfremd anmutenden Namen auffällt. Dieser Name stammt aus der vorgermanischen Vergangenheit, als die Stadt den Römern als Garnison diente. Der ursprüngliche Name lautete Caelius Mons, was mit Himmelsberg zu übersetzen wäre. Die Überreste eines römischen Kastells sind immer noch zu besichtigen.

Die ehemalige Reichsabtei der Benediktiner in Ochsenhausen

Kloster Ochsenhausen

Äußerst sehenswert im Ochsenhausener Kloster ist außerdem die historische Sternwarte aus dem 18. Jahrhundert mit dem einzigartigen Azimutalquadranten, einem astronomischen Gerät zur Positionsbestimmung der Himmelskörper. Eintritt 2 €, April bis Oktober Di bis So, Feiertage 12–17 Uhr.

Wir haben nun die Möglichkeit, unsere Tour noch etwas zu variieren, indem wir sie in nördlicher oder südlicher Richtung auf dem Iller-Radweg fortsetzen und entweder nach Memmingen oder in Richtung Ulm fahren. Mit dem Iller-Radweg kann man die Tour fortsetzen, ohne Steigungen überwinden zu müssen. So ist es gar kein Problem, vom Endpunkt dieser Tour in

nördlicher Richtung nach Ulm zu radeln; dann kommt man auf ca. 80 Kilometer Tagesleistung. Wer es dabei gemütlich angehen lassen möchte, kann im ganzen Illertal an den Bahnhöfen in die Nahverkehrszüge steigen.

Die Reste der ehemaligen Bundesfestung Ulm, die heute in ein Erholungsgelände mit Park umgewandelt wurden

Die Tour wurde so gestaltet, dass man auf der Hauptroute nicht unbedingt auf öffentliche Verkehrsmittel zurückgreifen muss, da der Landkreis Biberach in der Ost-/Westausdehnung durch schienengebundene Verkehrsmittel nicht erschlossen ist.

Vom Endpunkt Kellmünz aus besteht auch wieder die Möglichkeit, per Eisenbahn in Richtung Ulm zu fahren und so zum Ausgangspunkt Biberach zurückzukommen; von Memmingen aus ist das nur per Bus möglich.

Ladestation

Rad-Service-Zipfel, Ehinger-Tor-Str. 25, Biberach

Ein Ochse schreit »Kuckuck«

Was eine Klosterorgel so alles in sich birgt, sollte man nicht glauben. In der Klosterkirche von Ochsenhausen befindet sich eine Orgel, die von Joseph Gabler, einem der berühmtesten Söhne Ochsenhausens, erbaut wurde. Die Orgel ist eines der imposantesten und schönsten Kircheninstrumente in Süddeutschland.

Der Legende nach hat ein Bauer an der Stelle, wo heute das Kloster steht, seinen Acker gepflügt und ist auf eine vergrabene Kiste, die wertvolles Kirchengerät und Messgewänder enthielt, gestoßen. Die Grundherrschaft ließ nun an dieser Stelle ein Kloster erbauen und nannte es, weil ein Ochse den Pflug gezogen hat, Ochsenhausen. Joseph Gabler baute nun, sozusagen als technischen Gag, aber natürlich auch als Meisterwerk für seine Zeit, die Figur eines Ochsen in seine Orgel ein. Während des Orgelspiels erscheint diese Figur gelegentlich und gibt einen lauten Kuckucksruf von sich.

10 Von Biberach durch das Rißtal nach Ulm

An der Riß zur Donau

leicht	40 km	400 Hm	2.15 Std.

Tourencharakter
Nahezu keine Steigung auf überwiegend asphaltierten Radwegen

Ausgangspunkt
Biberach, Bahnhof

Endpunkt
Ulm, Hauptbahnhof

Anfahrt
Bahn: Mit allen Zugarten stündliche Anbindung nach Ulm, von dort aus Weiterfahrt mit der Südbahn in Richtung Biberach; Auto: Über die nach Ulm führenden Autobahnen und weiter auf der B 30 nach Biberach

Karte
Topografische Karte des Landesvermessungsamtes Baden-Württemberg 1:50 000

Einkehr
Mobi-Park Laupheim auf halber Strecke

Information
Landkreis Biberach, biberach.de; Stadt Biberach, biberach-riss.de; Stadt Laupheim, laupheim.de; Stadt Ulm, ulm.de; Landratsamt Alb-Donau-Kreis, alb-donau-kreis.de

Fahrradverleih und -service
Rad-Service-Zipfel, Ehinger-Tor-Str. 25, 88400 Biberach, Tel. 07351/802 03 25; Rommel, Kapellenstr. 55, 88471 Laupheim, Tel. 07392/21 30; Bike-Line Ulm, Sterngasse 9, 89073 Ulm, Tel. 0731/602 13 58

Unsere Tour beginnt am Bahnhof von Biberach und führt uns durch den Stadtteil Birkendorf nach Warthausen. Diese Strecke ist für Leute gedacht, die ab und zu einmal eine gemächliche »Gondeltour« bevorzugen.

Es gibt immer Tage, an denen man nicht unbedingt Streckenrekorde brechen möchte. Die Tour sollte aber trotzdem einen großen Erholungswert haben, und man sollte sich dabei nicht überanstrengen müssen.
Für diese Tour kann man eine Tageskarte des Verkehrsverbunds DING lösen. So hat man während der ganzen Tour die Möglichkeit, auf öffentliche Verkehrsmittel umzusteigen, und benötigt dafür nur eine Karte. Die Tour befindet sich nämlich komplett innerhalb des Netzes dieses einen Nahverkehrsverbunds. Vom Stadtteil Birkendorf aus fahren wir gemäß der Beschilderung des Donau-Bodensee-Radweges und kommen an Warthausen vorbei.

Schloss Warthausen

Das Schloss ist im Renaissancestil durch den Reichsritter Schad von Mittelbiberach erbaut worden. Im Jahr 1829 kaufte das Adelsgeschlecht Koenig von und zu Warthausen das Schloss und es blieb bis zum Jahr 1985 in Familienbesitz; dann kauften es die Freiherren von Ulm zu Erbach. Im Schloss wohnten die Autorin Sophie La Roche, der Künstler Johann H. Tischbein und der Dichter Christoph M. Wieland, der »deutsche Voltaire«, wie ihn Napoleon nannte. Nur hier konnte Wieland der Kleinbürgerlichkeit des nahen Biberachs entfliehen. In Biberach verbrachte er einen Teil seiner Jugend, bevor er nach Weimar übersiedelte. Schloss Warthausen war ein Treffpunkt der Diplomatie und ein Ort der Wissenschaft und Aufklärung.

Harmonie der Baustile in Biberach

Links: Schloss Stauffenberg in Risstissen

In Warthausen befindet sich einer der Bahnhöfe der Museumsbahn »Öchsle«, die von hier aus verkehrt und mit der man während der Sommermonate regelmäßig nach Ochsenhausen fahren kann. Die Betreiber der Museumsbahn organisieren viele Sonderveranstaltungen wie nächtliche oder winterliche Dampffahrten. Den nostalgischen Zug kann man auch für Hochzeits- oder Betriebsfeiern buchen. In Warthausen überqueren wir auf Höhe des Bahnhofs die Bahnlinie und fahren weiter geradewegs entlang der Bahnlinie zum kleinen Ort Herrlishöfen. Von Herrlishöfen entfernen wir uns nach links von der Bahnlinie und fahren vorbei an der Tierkörperbeseitigungsanstalt, bis die Straße den Fluss Riß überquert.

Durch das klassische Rißtal Nun biegen wir ab auf einen nicht asphaltierten Feldweg, der uns direkt an der Riß entlang unterhalb der Ortschaft Eichelsteig zum östlichen Ortsende von Schemmerhofen führt. Dort fahren wir nur kurz in die Ortschaft und gleich wieder rechts auf einen wunderschönen Talweg, der in Sichtweite der Riß nach Schemmerberg führt, und von dort aus weiter mitten in das Rißtal zu den beiden Baggerseen der Rißkieswerke. Der südliche der beiden Baggerseen wurde von Na-

Ladestation

Rad-Service-Zipfel, Ehinger-Tor-Str. 25, Biberach; Mobi-Park, Laupheim; Rathaus Laupheim Marktplatz 1, Laupheim; Beim Löwensaal, Bischof-Uhlrich-Straße 24, Laupheim; Haupteingang Sporthalle, Bühler Steige 3, Laupheim; Jehle Markt, Blaubeurer Str. 76, Ulm

Ulmer Münster

Das Ulmer Münster ist zweifelsohne das Bauwerk, das die Stadt an der Donau weltberühmt macht. Der höchste Kirchturm der Welt ist 161 Meter hoch und kann bis zu einer Höhe von 141 Metern über 768 Stufen erklommen werden. Wer sich diese Mühe macht, wird an Tagen mit klarer Sicht reich belohnt. Der Blick reicht vom baden-württembergischen Umfeld um die Stadt Ulm über das schon in Bayern liegende Umfeld von Neu-Ulm bis zur Alpenkette mit der Zugspitze zur Linken und dem Säntis zur Rechten. Wenn man alle Bauphasen zusammennimmt, dann kommt man auf eine Bauzeit von über 500 Jahren. So lange dauerte es, bis 1890 der Turm fertiggestellt wurde. Das Münster war übrigens eines der wenigen Gebäude der Ulmer Innenstadt, das die Bombardierungen während des 2. Weltkriegs überstand.

turschützern und Fischern zu einem Biotop gestaltet, während der nördliche ein beliebter Wassersport- und Badesee ist. Auch hier kann man sich im Sommer vorzüglich zu einer kleinen Rast und zu einem erfrischenden Bad aufhalten, bevor man von der Talmitte aus auf dem beschilderten Weg nach rechts in Richtung Stadtmitte von Laupheim radelt. Übrigens gibt es an den Baggerseen im Sommer auch jeden Tag Surfkurse; die Seen sind eines der ältesten Surfreviere Oberschwabens.

Wir durchqueren die Stadt in ihrer gesamten Ausdehnung und halten uns in Richtung Bronnen, einem Teil der Gemeinde Achstetten, die nach Querung der B 30 unser nächstes Ziel ist. Nun folgen wir lediglich noch dem ausgeschilderten Weg und gelangen über die Orte Stetten und Dellmensingen an die Donau, deren Lauf wir bis zur Innenstadt von Ulm folgen.

Ulms Neue Mitte Wer Ulm vor ca. 30 Jahren kannte und dachte, dass sich das Stadtbild nach dem Wiederaufbau nicht mehr ändern würde, der wurde durch die Ulmer Städteplaner auf revolutionäre Art eines Besseren belehrt. Die Stadt Ulm hat den mutigen Schritt gewagt und eine der Hauptverkehrsachsen in der Innenstadt komplett beruhigt. Es findet zwar noch Fahrzeugverkehr statt, aber in sehr gemäßigten Dimensionen. Doch nicht das macht die Veränderung aus, sondern neue Bauten an Stellen, an denen sich ein konservativ denkender Stadtbewohner niemals eine Bebauung hätte vorstellen können. Teil dieser Mitte ist das Stadthaus, gefolgt von der Kunsthalle Weishaupt, der Pyramide der Stadtbibliothek und dem Kaufhaus Münstertor.

Zentralbibliothek Ulm Eines der Gebäude mit der herausragendsten Architektur in der Ulmer Innenstadt ist die Zentralbibliothek. Der 36 Meter hohe Bau wurde im Stil einer Pyramide errichtet und seine Oberfläche besteht nahezu vollständig aus Glas. Hier handelt es sich um eines der besten Beispiele, wie supermoderne Architektur mit historischer Bausubstanz in unmittelbarer Nachbarschaft harmonieren kann. Das Gebäude gliedert sich in über 9 Geschosse: Im Untergeschoss liegen eine Buchbinderei, der Veranstaltungssaal und die Garderobe. Im Erdgeschoss befinden sich Ausleihe- und Informationsbereich, vom 1. bis zum 3. Geschoss erstrecken sich die Kinderbibliothek und die verschiedenen Literaturabteilungen. Im 5. Stockwerk gibt es ein Lesecafé mit Galerie.

Fachwerkhaus im Fischerviertel von Ulm

Diese Tour soll Gelegenheit zum Aufenthalt in den Städten Laupheim, zu erfrischenden Bädern in den Baggerseen um Laupheim und Dellmensingen sowie zu einem Bummel durch Ulm bieten. Wem diese 45 Kilometer nicht genügen, der kann auf gleichem Wege zurückfahren, falls er in Biberach übernachtet; es besteht aber auch die Möglichkeit, an mehreren Bahnhöfen den Zug in Richtung Biberach zurück zu nehmen.

11 Von Biberach nach Wangen im Allgäu

Nicht »hangen« bleiben

mittel | 70 km | 100 Hm | 8 Std.

Tourencharakter
Landschaftsübliche Steigungen auf überwiegend asphaltierten Radwegen und ruhigen Landstraßen

Ausgangspunkt
Biberach, Stadtmitte

Endpunkt
Wangen im Allgäu, Stadtmitte

Anfahrt
Bahn: Mit der Südbahn gute Anbindung aus Richtung Ulm und Bodensee; Auto: Über die Autobahn nach Ulm oder Memmingen und über die Bundesstraßen nach Biberach

Karte
Topografische Karte des Landesvermessungsamtes Baden-Württemberg 1:50 000; Rad- und Wanderkarte »Oberschwaben« der Medienagentur GeoMap 1:50 000

Einkehr
Adler, Dietmanns, Tel. 07564/91232; Fidelisbäck, Wangen, Tel. 07522/79590

Information
Luftkurort Wangen, wangen.de; Oberschwaben Tourismus, Bad Schussenried, oberschwaben-tourismus.de; westallgaeuer-kaesestrasse.de

Ladestation
Bräuhaus Ummendorf, Bachstraße 10; Hotel Gasthof Gaum, Bahnhofstraße 7, Ummendorf; Gasthof Hotel Linde, Biberacher Straße 13, Ummendorf

Diese Tour beginnt in Biberach an der Riß. Wir fahren zunächst in Richtung Süden aus dem Stadtgebiet und kommen nach Ummendorf, wo wir in Richtung Friedhof abbiegen und über eines der größten Steilstücke dieser Etappe hinauf ins Hochgelände nach Wettenberg gelangen.

Dieses Hochgelände bezeichnet einen Höhenzug zwischen dem Rißtal und dem Umlachtal, auf dem sich das Naturschutzgebiet Wettenberger Ried befindet. Dieses Ried wurde früher auch als Torfstich benutzt, im Laufe der Jahre aber in landwirtschaftliche Flächen umgewandelt, sodass aus vielen Riedflächen mit der Zeit Wiesen wurden. Im Naturschutzgebiet befindet sich ein Bannwald; seit Mitte der Achtzigerjahre des vorigen Jahrhunderts wird der Wald sich selbst überlassen und es finden nahezu keine forstwirtschaftlichen Aktivitäten statt.

Über Berg und Busenberg Von Wettenberg aus geht es weiter über die kleinen Weiler Berg und Busenberg, von wo aus man einen wunderschönen Blick nach rechts hinüber zum Bussen und zur Wallfahrtskirche Steinhausen hat. Über Benzenhaus geht es dann an Schloss Heinrichsburg vorbei hinunter nach Eberhardzell.

Das Schloss befindet sich in Privatbesitz und ist nicht zu besichtigen. Von Eberhardzell aus fahren wir nun über kleinere Ortschaften nach Hummertsried, wo man nicht versäumen sollte, in der Gaststätte Rößle noch eine kleine Rast einzulegen. Die Gaststätte ist in ganz Oberschwaben bekannt, allerdings weiß ihren tatsächlichen Namen so gut wie niemand, weil alle zum »Wiese nach Hummertsried« gehen, wie man den Wirt Alois Gaupp in ganz Oberschwaben nennt. Der Wiese ist tatsächlich noch eines der gastronomischen Originale und in seiner Gaststube ist regelmäßig ein Querschnitt aus allen Gesellschaftsschichten einträchtig versammelt.

Das Autorenduo im Kurpark von Bad Wurzach

Über Oberschwarzach nach Dietmanns geht es weiter auf einem schönen Radweg, der von Dietmanns aus durch das Alberser Ried führt. So gelangen wir schließlich am Kurhaus vorbei und durch den Kurpark hinein nach Bad Wurzach. Bad Wurzach verlassen wir wieder in südlicher Richtung, dann erreichen wir Gospoldshofen, wo man der Käserei einen Besuch abstatten sollte. Die Käserei wurde bereits an anderer Stelle im Buch beschrieben (siehe Tour 5). Außerdem möchte ich alle E-Bike-Fahrer noch einmal darauf hinweisen, dass man an der dortigen Ladestation Akkus aufladen kann. Nun geht es weiter über Bauhofen nach Diepoldshofen, Reichenhofen und Heggelsbach, wo wir nach rechts abbiegen und in das kleine malerische Örtchen Willerazhofen, das sehr malerisch über dem Ellerazhofer Weiher liegt, gelangen. Für Genießer von Wild gibt es in Diepoldshofen in der Spezialitätenmetzgerei ein besonderes Schmankerl. Die Metzgerei produziert – neben vielen anderen Spezialitäten – eine wunderbare Wildwurst.

Kurz vor der Ortschaft biegen wir nach links auf einen Landwirtschaftsweg ab und kommen nun nach Willerazhofen-

Fahrradverleih und -service

Susanne Wenzler, Kißlegg, Tel. 07563/2320; Zweiradsport Geyer, Bad Wurzach, Tel. 07564/3570, zweiradsport-geyer.de; Fahrradprofis Wangen, Wangen, Tel. 07522/93020, fahradprofis.de; Zweiradhaus Kipper, Wangen, Tel. 07522/97930, zweiradhaus-kipper.de; Goelz Bikepalast, Claude-Dornier-Str. 1, 88339 Bad Waldsee, Tel. 07524/97312340, goelz-räder.de

Bad und zur Gaststätte Zum Hecht, wo man unbedingt eine kleine Pause einlegen sollte. Hier gibt es auch einen kleinen Badesteg und neben dem Ökonomietrakt des zur Gaststätte gehörenden Bauernhofs kann man auf der Wiese sein Handtuch ausbreiten und eine Weile in der Sonne liegen.

Saumarkt

Ein wunderschönes Plätzle in der Wangener Altstadt ist dieser Markt, auf dem früher der Handel mit Schweinen betrieben wurde. An diesem Markt liegt der Antoniusbrunnen mit seinen wunderschönen Skulpturen. Die kleinen Kinder lieben es, im Sommer im Brunnenwasser zu planschen und auf den kleinen Schweineskulpturen zu reiten. Aber nicht nur die kleinen Kinder finden an diesen Tierplastiken Gefallen; alle paar Minuten kann man beobachten, wie sich Reisegruppen den Brunnen als Fotomotiv aussuchen.

Über kleine Orte wie Lanzenhofen, Herrot und Emmelhofen geht es nun hinein nach Kißlegg, dessen Ortsbild von zwei im Stadtgebiet liegenden Seen geprägt ist, einer davon übrigens mit einem wunderschönen Freibad.

Wer bereits in Kißlegg meint, dass er genug gestrampelt ist, kann sein Fahrrad in die Allgäubahn laden und direkt nach Wangen fahren. Kißlegg verlassen wir wieder, indem wir uns an die Radwegweiser in Richtung Wangen halten. Wir gelangen nun über Bärenweiler und Fischreute zum Zeppelindenkmal und über Allewinden und Beutelsau ins Stadtgebiet von Wangen hinein. Wangen ist ein kleines »Städtle«, wie wir Oberschwaben sagen, in das man sich verlieben kann. Wenn man meint, die Allgäuer seien etwas »verstockt und verdruckt«, dann gilt das nicht unbedingt für die Bewohner der Stadt Wangen. Man sieht es auch deutlich am Pflegezustand dieser Stadt, wie stolz die Bewohner auf sie sind, und nicht umsonst heißt es auf einer Tafel im Durchgang des Frauentors »In Wangen bleibt man hangen«. Es kann keiner erklären, was den aufgeschlossenen Charakter dieser Stadt ausmacht – aber überall wird das Flair als »südlich« beschrieben, und die Stimmung färbt sofort auf den Besucher ab. In Wangen empfiehlt es sich, sein Fahrrad abzustellen und sich

Brunnenfiguren in Wangen

Rechte Seite: Spitalhof in Biberach mit neuzeitlicher Brunnenanlage

eine Weile lang zu Fuß fortzubewegen. Man kann die auf einen einstürmenden Eindrücke auch gar nicht alle genießen, wenn man nur daran vorbeifährt.

Unmittelbar neben dem Martinstor liegt der Fidelisbäck, eine über 500 Jahre alte Bäckerei mit angeschlossener Gaststube. Vor allem wegen der umfangreichen Fassadenmalereien sticht einem das Haus sofort ins Auge. Im Sommer gibt es in dem kleinen Biergarten auch Außenbewirtung. Wer noch Originale aus dem Allgäu sehen möchte, sollte am Mittwoch, dem traditionellen Markttag, in die Gaststube gehen. Es gehört allerdings an diesem Tag eine gehörige Portion Glück dazu, einen Sitzplatz zu ergattern.

Käsereimuseum

Wer schon im Allgäu ist, der sollte natürlich sein Augenmerk auch einem der Berufe widmen, die hier früher traditionell verwurzelt waren. Von der kleinen Emmentalerkäserei, wie sie auf vielen Dörfern angesiedelt war, über die Alpkäserei bis zur industriellen Produktion der früher berühmten Schmelzkäseecken der Großkäserei Adler wird in diesem Museum alles gezeigt. Im Allgäu und im angrenzenden Vorarlberg gibt es Touristenstraßen zum Thema Käse. Wangen liegt an der Allgäuer Käsestraße, die das Westallgäu durchquert. An dieser Straße liegen noch traditionell arbeitende Sennereibetriebe, aber auch wunderschöne Ferienorte und typische Allgäuer Gasthöfe. Es gibt auf jeden Fall überall etwas zu entdecken und das über den Wehrgang der Stadtmauer zugängliche Käsereimuseum gibt alle Informationen dazu.

12 Von Wangen im Allgäu nach Biberach

Auf den Wegen der Schwabenkinder

mittel | 80 km | 100 Hm | 9 Std.

Tourencharakter
Landschaftsübliche Steigungen auf überwiegend asphaltierten Radwegen und Landstraßen

Ausgangspunkt
Wangen im Allgäu, Stadtmitte

Endpunkt
Biberach

Anfahrt
Bahn: Mit der Südbahn gute Anbindung aus Richtung Ulm und Bodensee; Auto: Über die Autobahn nach Ulm, München und Lindau aus nach Wangen im Allgäu

Karte
Topografische Karte des Landesvermessungsamtes Baden-Württemberg, 1:50000

Einkehr
Gasthaus Adler, Bergatreute, Tel. 07527/960230; Gasthaus Grüner Baum, Hochdorf, Tel. 07355/2350; Gasthof Linde, Ummendorf, Tel. 07351/34150; Gasthof Grüner Baum, Biberach, Tel. 07351/802040

Information
Oberschwaben Tourismus, Bad Schussenried, Tel. 07583/331060, oberschwaben-tourismus.de; schwabenkinder.eu

Fahrradverleih und -service
Zweiradhaus Kipper, Am Waltersbühl 15, 88239 Wangen, Tel. 07522/9793-0; Goelz Bikepalast, Claude-Dornier-Str. 1, 88339 Bad Waldsee, Tel. 07524/97312340

Diese Tour verläuft bis nach Wolfegg auf den Spuren der Schwabenkinder. Wir radeln im Stadtzentrum von Wangen im Allgäu los, verlassen die Stadt auf dem beschilderten Radweg und fahren in Richtung Amtzell.

Vom Allgäu nach Oberschwaben Je nach Betrachtungsweise gilt der Ort entweder als westliches Tor zum Allgäu oder – wie für uns – als östliches Tor nach Oberschwaben. Sehenswert ist das Alte Schloss, das mittlerweile auch das Kulturzentrum der Ortschaft ist. Von Amtzell aus führen wunderschöne, themenbezogene Radwege ins Umfeld und im Sommer gibt es den Naturweiher Singenberg, den die Gemeinde als Badesee betreibt.

Die Waldburg

Die Burganlage befindet sich in exponierter Lage auf einem Hügel über der Gemeinde Waldburg auf 772 Metern über dem Meeresspiegel. Sie ist ein schon von Weitem her sichtbarer Orientierungspunkt und verfügt demzufolge von ihrer Aussichtsplattform aus auch über eine wunderschöne Fernsicht über Oberschwaben und den Bodenseebereich bis zu den Alpen. Die Burg mit ihrer Schatzkammer ist über die Sommermonate zur Besichtigung geöffnet. Ein Drumlin ist übrigens ein kleiner Höhenrücken in Tropfenform, dessen verjüngende Spitze gegen die Bewegungsrichtung der eiszeitlichen Gletschermassen zeigt.

Unsere Fahrt führt uns nun weiter über ruhige Sträßchen von Amtzell nach Waldburg, dessen markante Burganlage auf einem eiszeitlichen Drumlin (Höhenrücken) man schon von Weitem erkennen kann. Waldburg ist aber auch für einen der größten Töpfermärkte der Region bekannt. Dieser Markt findet jedes Jahr Ende August statt und bietet die einmalige Gelegenheit, die Pro-

Nischenfigur in der Schlosskirche von Wolfegg

dukte vieler Töpfereien – nicht nur aus der Region Allgäu/Oberschwaben – an einem Platz zu bewundern und zu kaufen.

Von Waldburg aus fahren wir weiter über Rötenbach und erreichen schließlich Wolfegg. Schon von Weitem sieht man das markante Renaissance-Schloss Wolfegg, das der Stammsitz des Adelshauses Waldburg-Wolfegg ist. Im Schloss finden jährlich drei international beachtete Konzertzyklen statt.

Ladestation

Touristinfo, Bindstraße 10, Wangen; Bauernhaus-Museum Allgäu-Oberschwaben Wolfegg, Vogter Straße 4; Rad-Service-Zipfel, Ehinger-Tor-Str. 25, Biberach

Wer es nicht so mit dem Landleben hat, findet in Wolfegg noch das berühmte Automobilmuseum, welches der Motorjournalist Fritz B. Busch einst gründete. Fahrzeuge aller Baujahre sind hier zusammen mit anderen Gegenständen, die einen Bezug zur Geschichte des Automobils haben, ausgestellt.

In die Höll Von Wolfegg aus geht es nun weiter in die kleine Ortschaft Alttann, wo wir nach links in das Tal der Wolfegger Aach abbiegen. Dieses tief eingeschnittene Tal wird seit jeher Höll genannt, weil es so tief hinuntergeht, eben dahin, wo die tiefgläubigen Menschen früherer Jahrhunderte die Hölle vermuteten. Aber keine Angst, dort unten ist

nichts, was unheimlich wäre, außer dem malerischen Bach und einigen kleineren Mühlenteichen der Talmühle. Wir biegen vor der Talmühle nach links ab und kommen zunächst durch die kleine Ortschaft Witschwende (empfehlenswerte Metzgerei!) und dann nach Bergatreute. Von dort aus fahren wir über kleine Orte wie Gwigg und Arisheim hinein nach Bad Waldsee, das an anderer Stelle im Buch bereits beschrieben ist.
Auch von Bad Waldsee aus haben wir die Möglichkeit, wieder in den Zug zu steigen und über Aulendorf zurück nach Biberach zum Ausgangspunkt unserer Zwei-Tages-Tour zu gelangen. Es

Schwabenkinder

Als Schwabenkinder bezeichnete man im Alpenraum, also in Vorarlberg, Tirol, der Schweiz und Liechtenstein, die Verding- oder Hütekinder, die von ihren Eltern über den Sommer aus den armen Bergregionen nach (Ober-)Schwaben zur Arbeit geschickt wurden. Dieses »Schwabengehen« war natürlich sehr von Wehmut geprägt, da die Kinder über Monate von den Eltern getrennt und in der Fremde waren. Schon allein der Weg von ihren Heimatorten führte über bestimmte Sammelstrecken zu den Märkten in den größeren Städten des Allgäus und Oberschwabens, wo sie an ihre »Arbeitgeber« vermittelt wurden. Selbstverständlich haben die Kinder den Weg von ihrer Heimat bis zu diesen Vermittlungsorten zu Fuß zurückgelegt, in der Regel trugen sie dabei auch das schwere Gepäck. Vielen dieser Kinder blieb die Zeit bei den Bauern in Oberschwaben in schlechter Erinnerung, da sie als billige Arbeitskräfte gehalten wurden. Die eigenen Kinder der Bauern gingen in der Regel zur Schule, während die ausländischen Kinder in Deutschland keine Schulpflicht hatten und in ihrer Heimat während des Sommers von der Schulpflicht befreit waren.
Die »Schwabenkinder« waren also über das ganze Jahr von der Bildung ausgeschlossen, da sie während ihres Heimataufenthalts im Winter oft auch nicht zur Schule gehen konnten.
Oft bekamen die am Hof »fremden« Kinder nicht das gleiche Essen wie die anderen oder viel weniger und vielfach wurden sie auch gezüchtigt. So manches Kind machte über die Sommersaison ein regelrechtes Martyrium durch und fand nirgendwo Gehör – bei den eigenen Eltern später sowieso nicht, da diese ja froh waren, wenn sie über den Sommer einen Esser vom Tisch hatten.
Über lange Zeit waren solche Kinder nicht gut auf die Schwaben, die sie oft als eine Art Sklavenhalter sahen, zu sprechen. Vor allem in der Schweiz hält sich immer noch der Ausdruck »Sauschwab«, der aus dieser Zeit stammt und den noch viele Schweizer nicht nur für die Schwaben, sondern für alle unliebsamen Deutschen benutzen.
So kommen selbst manche Deutsche, die die Schwaben nicht lieben, einmal in die Situation, als Schwabe bezeichnet zu werden.

Oben: An der Eselsmühle in Wangen dreht sich das Mühlrad.

ist also kein Problem, die Tour hier am Stadtsee ausklingen zu lassen.

Für Stromradler, die ja weniger ermüden, sollte die Fortsetzung aber kein Problem sein. Diese verlassen die Stadt in nördlicher Richtung und fahren nach Michelwinnaden. Dort biegen wir links ab und gelangen über Hagnaufurt nach Winterstettendorf, wo es eine Mühle an einem wunderschönen Mühlenteich zu besichtigen gibt.

Über Winterstettenstadt und Unteressendorf geht es weiter, vorbei an Hochdorf, nach Ummendorf. Wer in Ummendorf nach links abbiegt, kann über den Radweg an der Bahnlinie geradewegs nach Biberach hineinrollen. Wer sich rechts hält, kommt über das Jordanbad auf der rechten Talseite des Rißtals ebenfalls in die Stadt.

Bauernhaus-Museum

Im Bauernhaus-Museum Wolfegg kann anhand von 19 größeren Wohn- und Wirtschaftsgebäuden das Leben der früheren Landbevölkerung nachvollzogen werden. Auch allerhand Tiere wie Kühe und Schafe, Hühner, Enten und Gänse laufen durch das Museumsgelände. Besonders praktisch: Das Bauernhaus-Museum verfügt über E-Bike-Ladestationen an beiden Eingängen und eine Rad-Service-Station am Haupteingang. Eintritt Tageskarte 6 €, 19.03. bis 30.04. Di bis So 10–17 Uhr, 01.05. bis 30.09. Mo bis So 10–18 Uhr, 01.10. bis 11.11. Di bis So 10–17 Uhr.

13 Von Ulm nach Memmingen

Immer an der Grenze

leicht | 60 km | 400 Hm | 6 Std.

Tourencharakter
Leichte Tour mit nahezu keiner Steigung; viele der Radwege sind nicht befestigt, jedoch gut befahrbar.

Ausgangspunkt
Ulm, Hauptbahnhof

Endpunkt
Memmingen, Bahnhof

Anfahrt
Bahn: Mit allen möglichen Zugarten nach Ulm Hauptbahnhof; Auto: Über die A 7 und die A 8 nach Ulm

Karte
Topografische Karte des Bayerischen Landesvermessungsamtes 1:50 000

Einkehr
Zahlreiche Einkehrmöglichkeiten wie z. B. Camping Christophorus, Kirchberg/Iller, Tel. 07354/663; Landgasthof zum Adler, Fellheim, Tel. 08335/260; Gasthof Metzgerei Lamm, Heimertingen, Tel. 08335/256

Information
Ulm Touristik, Tel. 0731/ 161 28 00, ulm.de; Landratsamt Alb-Donau-Kreis, alb-donau-kreis.de; Stadt Memmingen, memmingen.de und in den Rathäusern aller Orte, die durchfahren werden

Ladestation
Jehle Markt, Blaubeurer Str. 76, Ulm

Unsere Tour beginnt am Hauptbahnhof von Ulm und führt uns auf dem schnellsten Weg hinunter an die Donau; wir haben uns lediglich entlang der Bahngleise bis zur dortigen Eisenbahnbrücke zu bewegen. Da diese Tour ziemlich überschaubar ist, kann man auch noch eine Runde durch die Stadt radeln.

Vor der nächsten Straßenbrücke biegen wir auf der kleineren Fahrradbrücke nach links ab und kommen nach Bayern, wo wir entlang der Wiblinger Straße bis zur Illerbrücke radeln. Auch in Wiblingen lohnt sich ein kleiner »Schlenker« zum Kloster mit seinem wunderschönen Bibliothekssaal. Die ganze Klosteranlage stammt aus dem Barock und war ein früheres Benediktinerkloster, das seine Ländereien den Bauern aus der Umgebung als Lehen gab. Demzufolge hatten die Bauern einen Teil ihrer Ernte im Kloster abzugeben. Später war im Kloster auch eine Kaserne der Kavallerie in den ehemaligen Konventgebäuden untergebracht.

Wo unser »Treibstoff« produziert wird

Die EnBW betreibt zwischen Aitrach und Dettingen fünf Laufwasserkraftwerke, die an einem 41 Kilometer langen Kanal liegen, der auf seiner gesamten Länge 50 Meter Gefälle aufweist. Die Illerkraftwerke sind nach dem Wasserkraftwerk in Rheinfelden die zweitgrößten Kraftwerke in Baden-Württemberg.

Wir halten uns nun stets auf dem Iller-Radweg und bewegen uns weiter zur Gemeinde Illerkirchberg mit ihren Teilorten Ober- und Unterkirchberg und passieren auch die Ulmer Einkaufs- und Wohnstadt Senden.

Unser treuer Wegbegleiter, die Iller, sollte an dieser Stelle kurz erwähnt werden. Die Iller ist nicht ganz 150 Kilometer lang

Die ehemalige Kartause von Buxheim mit ihrem berühmten Chorgestühl

und wird durch den Zusammenfluss der drei Flüsse Trettach, Stillach und Breitach bei Oberstdorf im Allgäu zu einem Fluss. Ihr Verlauf bildet nun das sogenannte Illertal, das traditionell zur Gewinnung von Energie genutzt wird. Die Iller ist kommerziell nicht schiffbar, ist aber auf einigen Abschnitten ein idealer Fluss für allerlei wassersportliche Aktivitäten.

Weiter geht es durch Ortschaften wie Vöhringen und das im Kasten beschriebene Illertissen nach Reggliswеiler, wo wir die Iller überqueren. Wir radeln nun auf das Kloster Brandenburg zu, welches jedoch keine historische Bausubstanz mehr

Fahrradverleih und -service

Rad & Service, Ochsengasse 41b, 89077 Ulm, Tel. 0731/9386323, rad-und-service.de; Rad und Sport Liebl, Berlinger Str. 22, 89250 Senden, Tel. 07307/7979, radsport-liebl.de; Kropp Radsport, Ulmer Straße 19, 89269 Vöhringen, Tel. 07306/2662, fahrrad-kropp.de; Wolf Fritz Fahrradgeschäft, Illertisser Str. 39, 89165 Dietenheim, Tel. 07347/7559

bietet. Es sind aber alle neuzeitlichen Angebote klösterlichen Lebens vorhanden. So kann man im Kloster eine Auszeit nehmen, auch Übernachtungen sind möglich. Der Radweg führt uns stets direkt an der Iller entlang, sodass wir uns auf keinen verkehrsbelasteten Straßen mehr befinden. So erreichen wir bei Sinningen, einem Ortsteil der Gemeinde Kirchberg, den Campingplatz Christophorus, der sich über die Jahrzehnte seines Bestehens zu einer schönen Naherholungsanlage entwickelt hat.

Wer nun weiterradelt, kommt innerhalb kurzer Zeit nach Kellmünz, wo man in den Zug umsteigen könnte. Wem also das Illertal sehr gut gefällt, der hat auf halber Strecke zwischen Ulm und Memmingen die Möglichkeit, seine Touren zu variieren. Hier sei besonders noch auf die Ländertickets der Deutschen Bahn hingewiesen. Auf diesem Streckenabschnitt gilt sowohl das Baden-Württemberg-Ticket als auch das Bayernticket. Man kann sich also schon bei der Anreise überlegen, ob man auf diese Ticketart zurückgreift, da damit sehr viele Möglichkeiten des öffentlichen Personennahverkehrs nutzbar sind. Nun geht es weiter zum Illerkraftwerk, an dessen Stausee wir entlangradeln,

Illertissen

Die Stadt Illertissen hat 17 000 Einwohner und das Vöhlinschloss als Wahrzeichen. In diesem Schloss waren über die Jahrhunderte hinweg diverse Gerichte und Behörden untergebracht; heute befinden sich die zwei Museen der Stadt darin: das Heimatmuseum und das Bienenmuseum. Das Bienenmuseum stellt neben dem Imkereihandwerk auch die Verarbeitung des Bienengifts im pharmazeutischen Bereich dar.

Die ortsansässige Industrie gab vielen Flüchtlingen in der Nachkriegszeit Arbeit. So bildete sich eine Landsmannschaft aus dem Egerland, die sich in Erinnerung an ihre alte Heimat ein Museum schuf.

In der Stadt gibt es noch das Freizeitbad Nautilla, ein Spaßbad, in dem man es wunderbar aushalten kann.

vorbei an der Ortschaft Kirchdorf. Auch in Kirchdorf dominieren die Firmengebäude der weltbekannten Marke Liebherr; hier produziert der Konzern Bagger und Erdbewegungsmaschinen. Der Firmengründer Hans Liebherr stammte aus Kirchdorf an der Iller, wo sein Vater einen kleinen Maurerbetrieb besaß. Hans Liebherr entwickelte nach dem Zweiten Weltkrieg den Turmdrehkran und im Laufe der Jahre wurde seine Firma zu einem international führenden Konzern für Baumaschinen.

Das ehemalige Steuerhaus am Marktplatz in Memmingen

Unmittelbar nach dem Firmenareal von Liebherr wechseln wir über den Wehrsteg der dortigen Staustufe die Flussseite der Iller und befinden uns nun in der Ortschaft Fellheim.

Fellheim war in früherer Zeit Heimstätte vieler Juden, wovon noch die Synagoge zeugt. Die Synagoge wurde zwar in der Reichspogromnacht verwüstet und diente danach lange Zeit als Lager- und später als Wohnhaus, wurde dann aber von der Gemeinde wieder zurückgekauft.

Die Gemeinde ist im Bereich des Illertals auch als Wallfahrtstätte sehr bekannt. So wird einmal im Monat während der warmen Jahreszeit eine Sühnefußwallfahrt zu einem Heiligen Kreuz in einer Kapelle im drei Kilometer entfernten Ort Pleß veranstaltet. Zu dieser Wallfahrt kommen regelmäßig bis zu 3000 Gläubige aus dem ganzen Illertal und der Umgebung.

Auf diesem Streckenabschnitt, der sehr malerisch entlang des Ufers der Iller verläuft, haben wir leider auch den Lärm der pa-

Lindauer Tor in Memmingen

rallel zum Fluss verlaufenden Autobahn A 7 zu verkraften. Wir halten uns weiter am Fluss entlang und erreichen schließlich den kleinen Ort Egelsee, der sowohl auf bayerischem als auch auf baden-württembergischem Gebiet liegt. Hier fahren wir nun kurz an der Hauptstraße entlang, biegen jedoch dann, der Beschilderung gemäß, alsbald wieder ab und fahren erneut zum Flussufer hinunter. Wir unterqueren noch einmal die Autobahn und können nun wieder etwas mehr Ruhe genießen, da sich deren Trasse und unser Radweg voneinander entfernen.

Wir gelangen schließlich nach Buxheim, das an anderer Stelle im Buch beschrieben ist. Noch einmal sei aber auf die vorzügliche Rastmöglichkeit in den Gaststätten und Biergärten am Buxheimer Weiher hingewiesen. Die Ortschaft verlassen wir wieder, indem wir am Weiher entlangradeln und über die Weiler Buxacher Mühle und Buxach das Stadtgebiet von Memmingen erreichen. Unsere Tour endet am Bahnhof von Memmingen.

Der Ulmer Spatz – ein Wahrzeichen Ulms

Nach einer Sage sollen die Ulmer beim Münsterbau versucht haben, einen besonders großen Holzbalken quer durch das Stadttor zu transportieren. Nachdem der Balken zu lang war und man immer wieder erfolglos versuchte, ihn der Breite nach durch das Tor zu bugsieren, waren die Ulmer kurz davor, das Tor einzureißen. Da sah ein Arbeiter einen Spatz heranfliegen, der mit einem Strohhalm im Schnabel durch ein kleines Loch hindurch wollte. Der schlaue Spatz nahm den Strohhalm längs und brachte ihn so durch die Öffnung, was auch den beobachtenden Ulmern die Erleuchtung brachte. Bewohner und Vereine Ulms werden deshalb oft als »Spatzen« bezeichnet.

Das ist aber nur ein Spottvers auf die Ulmer; der tatsächliche Hergang ist ein anderer.

Es sieht so aus, als ob der »Spatz« auf dem Hauptschiff des Ulmer Münsters tatsächlich einen Halm im Schnabel trägt. Dies ist aber nicht der Fall, weil es sich bei dem »Spatzen« um die Skulptur einer Taube mit einem Ölzweig im Schnabel handeln soll. Aus welchen Gründen auch immer (Spötter sagen, es sei der Geiz gewesen) ist die Taube zu klein geraten und ähnelt eher einem Spatz. Sogar der Ölzweig sei nur aus einer bestimmten Position als ein solcher zu erkennen, ansonsten würde er eher einem Strohhalm ähneln. Die Geschichte vom »Ulmer Spatz« entstand im 19. Jh.

Von Immenstadt nach Meckenbeuren

14

Vom Allgäu nach Oberschwaben

Diese Tour verläuft im südlichsten Teil des schwäbischen Allgäus und führt durch typische Allgäulandschaften bis in das Hopfengebiet um Tettnang.

Die Tour beginnt am Bahnhof von Immenstadt, von wo wir dem Radweg zum Großen Alpsee folgen, wo wir in Sichtweite des östlichen Seeufers die größte Steigung der Strecke bewältigen und uns auf ausgeschilderten Radwegen in Richtung Missen bewegen. Von dort aus geht es weiter, vorbei an Aigis nach Sibratshofen und über Ebratshofen und Schönau nach Röthenbach. Nun geht es über Oberhäuser und Riedhirsch nach Heimenkirch, wo im Ortsteil Meckatz die gleichnamige Brauerei mit ihrer Gastwirtschaft zur Einkehr einlädt. Von Meckatz aus folgen

Waldseebad Lindenberg

Lindenberg gilt als der sonnigste Ort Bayerns, weil es dort mehr als 2000 Sonnenstunden im Jahr gibt. Die Stadt ist außerdem mit einem wunderschönen Waldsee gesegnet, der sich in einer Höhe von 765 Metern über dem Meeresspiegel befindet. Das Waldseebad gilt als das höchstgelegene Moorfreibad Deutschlands.

mittel | 75 km | 320 Hm | 9 Std.

Tourencharakter
Einige knackige kurze Steigungen, überwiegend jedoch auf asphaltierten Radwegen und ruhigen Landstraßen

Ausgangspunkt
Immenstadt, Bahnhof

Endpunkt
Meckenbeuren, Bahnhof

Anfahrt
Bahn: Mit dem Zug von Ulm oder Lindau aus nach Immenstadt; Auto: Über die A7 von Ulm aus über Kempten nach Immenstadt

Karte
Topografische Karte der Bayerischen und Baden-Württembergischen Landesvermessungsämter 1:50 000

Einkehr
Brauereigasthof Schaeffler, Missen-Wilhams, Tel. 08320/ 920 15; Fidelisbäck, Wangen, Tel. 07522/79 59 31; Café VAUDE, TT-Obereisenbach, Tel. 07542/93 90 64

Information
Touristinfo Tettnang, Tel. 07542/51 05 00, tettnang.de; Luftkurort Wangen, wangen.de; Gemeinde Meckenbeuren, meckenbeuren.de

Ladestation
Gästeamt, Touristinfo, Bindstraße 10, Wangen; Neues Schloss Tettnang, Schlossstraße; BikeSport Spahn, Olgastraße 7, Tettnang; Bike-Tec, Schulstraße 16, Tettnang

wir der Radwegebeschilderung über Wohmbrechts und gelangen schließlich in die Innenstadt von Wangen im Allgäu.

Halt in Wangen Ein altes Sprichwort aus dieser Region lautet: »In Wangen bleibt man hangen.« Der tiefere Sinn dieses Sprichworts erschließt sich einem, wenn man sich die Zeit nimmt, einen Spaziergang durch die wunderschöne Altstadt zu unternehmen. Man sollte dabei nicht vergessen, beim »Fidelisbäck«, einer Wangener Institution, eine Rast einzulegen.

Die urige Gaststätte entwickelte sich aus einer früheren Bäckerei in der Nähe des Marktplatzes. Sie war ein beliebter Treffpunkt für alle Marktbesucher, insbesondere der Landbevölkerung, die von außerhalb den Markt in der Stadt besuchte. Noch heute muss man Glück haben, an Markttagen überhaupt einen Platz in der Gaststätte zu ergattern.

Aber auch Wangen ist noch nicht Endstation dieser Tour und so verlassen wir das Stadtgebiet in westliche Richtung und gelangen über Niederwangen und Primisweiler nach Pflegelberg, wo wir auf einer Brücke die Argen überqueren.

Die Tour führt uns nun weiter durch Ortschaften wie Oberrussenried, Unterrussenried und dann nach Obereisenbach, einem Stadtteil von Tettnang und Sitz der weltberühmten Firma VAUDE, dem Hersteller

Abstecher nach Lindenberg

Lindenberg ist die Stadt der Strohhüte. Bereits im 16. Jh. wurden in der Stadt, die früher vom Pferdehandel mit Italien lebte, Strohhüte gefertigt. Die Idee dazu brachten die Pferdehändler aus Italien mit. Der Sage nach musste einer der Lindenberger Pferdehändler wegen einer Krankheit in Italien überwintern. Er lernte dort das Strohflechten und Hütemachen und brachte diese Kenntnisse in seine Heimat mit. Zunächst wurden diese Hüte nur für den eigenen Gebrauch geflochten, dann wurde aber der Vertrieb durch Hausierer und fahrende Händler organisiert. In der Blütezeit gab es in der Stadt um die 35 Strohhuthersteller, die zusammen ca. 8 Millionen Strohhüte im Jahr produzierten. Später gab es natürlich auch Filzhüte und während des Krieges wurden sogar Tropenhelme hergestellt.

Schwäbische Eisenbahn

Ein bekanntes Volkslied ist das Lied von der schwäbischen Eisenbahn, das früher jedes Kind im deutschsprachigen Raum singen konnte. Damit sich der Text besser reimte, nahm der unbekannte Verfasser sogar geografische Verschiebungen vor – was aber sicher nicht jedem, der das Lied kennt, auffällt. Meckenbeuren, das der Oberschwabe »Meckabeura« und der Meckenbeurer selbst sogar nur »Mecka« ausspricht, kommt nämlich in Wirklichkeit erst ein ganz schönes Stück hinter Durlesbach.

»Auf de schwäbsche Eisebahna / gibt's gar viele Haltstationa / Stuegert, Ulm ond Biberach / Meckabeura, Durlesbach.«

Schönes aus der Argen-Töpferei in Neukirch-Goppertsweiler

Links: Schleinsee mit Hofgut

von qualitativ hochwertiger Sportausrüstung und -bekleidung. Wer sich die Tour gut eingeteilt oder gar zwei Touren aus ihr gemacht hat, sollte von Obereisenbach aus noch nach Siggenweiler fahren und das dortige Hopfenmuseum besuchen; ein Abstecher, der sich lohnt, zumal man sich in einem der größten Hopfenanbaugebiete der Erde befindet.

Ansonsten fahren wir von Obereisenbach nach Tettnang hinein und von dort aus nach Meckenbeuren, dem Endpunkt dieser Tour. Von Meckenbeuren aus kommt man mit dem Zug wieder in alle Richtungen. Pedelec-Fahrer, die hier Station machen, können ihr Rad in einem speziell gebauten Fahrradparkhaus am Bahnof unterstellen. Man kann sogar auf Kosten der Gemeinde seinen Fahrradakku während der Parkzeit aufladen; eine tolle Geste der Gemeinde, die zur Nutzung dieses umweltfreundlichen Fortbewegungsmittels ermuntert.

Fahrradverleih und -service

Radsport Radtraum, Sonthofener Straße 15, 87509 Immenstadt im Allgäu, Tel. 08323/989555; Bike-Studio David & Regina Assfalg, Montfortstraße 15, 88069 Tettnang, Tel. 07542/951078, bike-studio.de; Saikls bikes & More, Ravensburger Straße 14–18, 88074 Meckenbeuren, Tel. 07542/539118, saikls-meckenbeuren.de

Meckenbeuren bietet als Gemeinde einiges und ist bei einem längeren Aufenthalt sehr gut als Übernachtungsort geeignet. Von hier ist es nicht weit bis an den Bodensee, wo die Quartiere unvergleichlich teurer sind. Auch die oberschwäbische Metropole Ravensburg ist mit dem Fahrrad entlang der Bahnlinie oder gleich mit der Bahn selbst sehr gut zu erreichen.

15 Von Biberach nach Heiligkreuztal

Von Biberach zur Biberach

leicht | 87 km | 10 Hm | 9 Std.

Tourencharakter
Selten Steigungen auf überwiegend asphaltierten Wegen und wenig befahrenen Landstraßen

Ausgangs-/Endpunkt
Biberach, Bahnhof

Anfahrt
Bahn: Mit der Südbahn Anbindung zum Bahnhof Biberach aus Richtung Ulm und Bodensee; Auto: Über die Autobahnen nach Ulm und die B 30 in Richtung Biberach

Karte
Topografische Karte des Landesvermessungsamtes Baden-Württemberg 1:50 000; Rad- und Wanderkarte »Oberschwaben« der Medienagentur GeoMap 1:50 000

Einkehr
Klostergaststätte Zum Klosterwirt, Heiligkreuztal, klosterwirt-heiligkreuztal.de; Aymühle Fischerstüble mit Biergarten, Biberach-Stafflangen, aymuehle-fischerstueble.com

Information
Oberschwaben Tourismus, Bad Schussenried, oberschwaben-tourismus.de; Kloster Heiligkreuztal, Tel. 07371/186 45; Backdorf Häussler, Tel. 07371/937 70, backdorf.de

Fahrradverleih und -service
s'Fahrrädle, Biberach-Birkenhard, Tel. 07351/30 14 98

Diese Tour führt durch das tiefste Oberschwaben mit einigen seiner »Heiligtümer«. Unsere Fahrt beginnt am Bahnhof von Biberach. Von dort halten wir uns entlang der B 312 auf dem Radweg in Richtung Riedlingen.

Nur eine kleine Steigung Wir fahren aus der Stadt heraus und müssen zunächst eine Steigung bewältigen, die für Stromradler unproblematisch ist. Danach führt uns der Weg am Flugplatz vorbei und schließlich in den Burrenwald, den Naherholungswald der Stadt Biberach. Besonders an heißen Tagen ist diese Etappe eine wunderschöne Erholung, zumal auf halber Strecke in der Gaststätte »Burren« eingekehrt werden kann. Die Gaststätte liegt in wunderschöner Waldrandlage direkt am Radweg und besitzt einen herrlichen Biergarten, von dem aus man direkte Sicht auf die abgestellten Fahrräder hat. Die Wirtsleute sind Stromradlern gegenüber aufgeschlossen. Ladegeräte sind in der Gaststätte allerdings nicht vorhanden.

Die Tour geht dann weiter auf dem ausgeschilderten Radweg und wir kommen am Gutershofer Weiher vorbei, einem Weiher, der früher mit seinem Wasser die Mühle von Attenweiler gespeist hat. Weiter geht es über Schammach nach Ahlen, wo wir ziemlich genau in der Ortsmitte nach links hinunter ins Tal abbiegen.

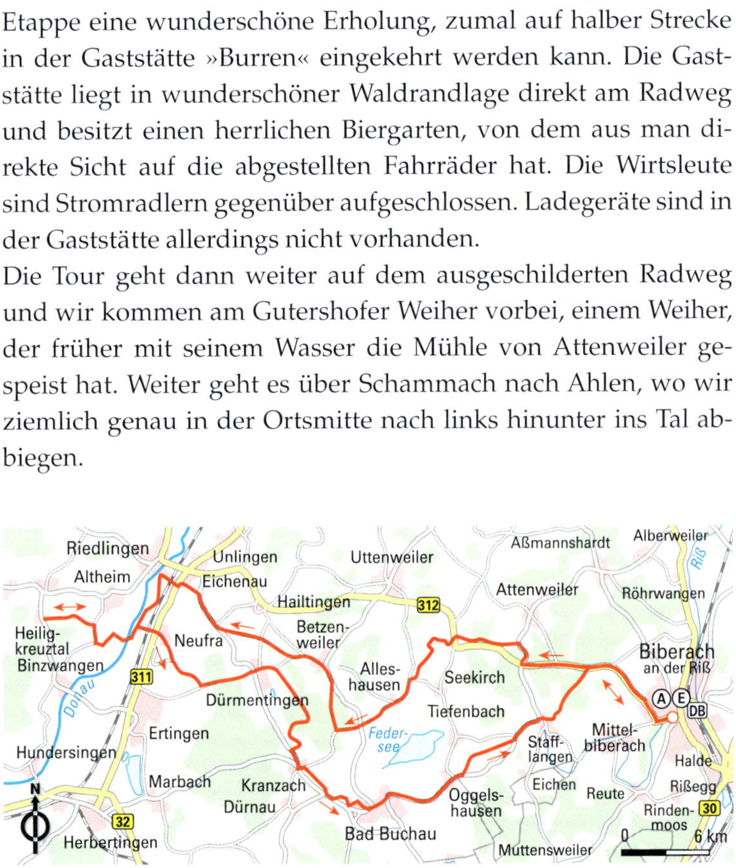

Seine »heilige Ruhe« findet man überall.

Links: Die Autorin in Heiligkreuztal

Im Federseebecken Wir kommen nun an Ödenahlen vorbei und befinden uns hier schon am Rande des Naturschutzgebietes Nördliches Federseeried. An der Gemeinschaftsschule biegen wir nach rechts ab und kommen durch kleine Orte wie Alleshausen und Moosburg nach Betzenweiler, alles auf sehr gut ausgebauten Radwegen entlang der kleinen Kreisstraßen. Betzenweiler durchradeln wir geradewegs und gelangen über Burgau und Heudorf nach Riedlingen mit seiner wunderschönen Altstadt in hochwassersicherer Lage oberhalb der Donau. Wir folgen nun nicht dem Donauradweg, sondern der regulären Fahrradwegebeschilderung, die uns am Flugplatz vorbei und links der Ortschaft Altheim über Waldhausen nach Heiligkreuztal führt. Hier fiel mir zum ersten Mal ein kleiner Bach auf, der aus Richtung Altheim in die Donau fließt. Ich habe in der Karte nachgeschaut, wie dieser Bach heißt – es ist die Biberach. Ich als gebürtiger Biberacher habe so zum ersten Mal erfahren, dass es im Landkreis Biberach auch einen Fluss mit diesem Namen gibt. Heiligkreuztal ist die Wendemarke dieser Tour. Hier kann man die klösterlichen Anlagen besichtigen oder die Ausstellung der Firma Häussler. Hierbei handelt es sich um einen typischen Familienbetrieb, der sich auf die Fertigung von Backöfen und alles, was in irgendeiner Weise mit Brot oder oberschwäbischer Küche zu tun hat, spezialisiert hat.

Ladestation

Rad-Service- Zipfel, Ehinger-Tor-Str. 25, Biberach; öffentlich zugängliche Ladestationen auf dem Marktplatz Bad Buchau; Hotel Moorbadstuben, Schussenriederstraße 30, Bad Buchau; Gasthaus Sonne Oggelshausen, Buchauer Straße 8, Bad Buchau; Gasthaus Löwen Oggelshausen, Biberacher Straße 8, Bad Buchau

Von Heiligkreuztal aus fahren wir wieder auf dem gleichen Weg, auf dem wir gekommen sind, zurück nach Waldhausen und in Richtung Riedlingen, wo wir dann auf der wunderschönen Brücke auf die andere Seite der Donau wechseln können und nach Neufra hinübergelangen. Von Weitem sieht man schon den Schlossberg mit der Pfarrkirche St. Peter und Paul. Die wirkliche Attraktion von Neufra bilden jedoch die hängenden Gärten am Schloss. Die Gärten wurden seinerzeit nicht nur zur Erbauung des adeligen Besitzers gestaltet, sondern sie sicherten auch Schloss und Kirche vor dem Abrutschen am Hang. Die Gärten werden sehr aufwendig gepflegt und sind für Besucher geöffnet. In der Turm- und Gartenschenke kann man kleinere Erfrischungen zu sich nehmen. Die Ortschaft Neufra verlassen wir wieder in östlicher Richtung und über Erisdorf gelangen wir nach Dürmentingen. Von dort aus halten wir uns auf dem ausgeschilderten Radweg und gelangen durch den Seelenwald nach Kanzach. Gleich am Ortsbeginn von Kanzach fällt ein zunächst eigentümlich anmutendes Gebäude auf. Es handelt sich um die sogenannte Bachritterburg, die hier originalgetreu nachgebaut wurde. Die Burg selbst ist sehr sehenswert und es werden in regelmäßigen Abständen Veranstaltungen aller Art, in denen die mittelalterliche Lebensweise dargestellt wird, durchgeführt.

Kloster Heiligkreuztal

Auch für dieses Kloster reicht die Zeit, die wir für unsere Tour zur Verfügung haben, eigentlich nicht aus. Das Kloster befindet sich auf einem weitläufigen Areal und wird heute u. a. als Seminarstätte genutzt. Früher war das Kloster von Zisterzienserinnen bewohnt und eine Dauerausstellung in der Bruderkirche zeigt immer noch die »Glaubenszeugnisse frommer Frauen«, wobei der Schwerpunkt auf den sakralkünstlerischen Arbeiten der Nonnen liegt. Sie fertigten u. a. liturgische Gewänder und auch Textilien zur Einkleidung von Skulpturen und Andachtsfiguren.

Im Münster befinden sich wunderschöne Chorfenster aus dem 14. Jh. sowie eine von Hans Multscher geschaffene Skulptur eines kreuztragenden Christus.

Die Radtour geht nun weiter auf dem Radweg über Kappel hinein in das kleine Federseestädtchen Bad Buchau, das bei Tour 25 beschrieben ist. Ich empfehle dort stets einen kurzen Aufenthalt, da es viel zu entdecken gibt. Die kleine Stadt ist ein anerkannter Kurort und sehr rührig auf dem Gebiet des Naturschutzes. Übrigens stammten die Eltern von Albert Einstein aus Bad Buchau. Das oberschwäbische Judentum hatte hier eine große Tradition. Allerdings wurde auch diese Stadt von den Pogromen nicht verschont und so zeugt lediglich noch der große jüdische Friedhof von den vielen ehemaligen Mitbürgern.

Die Straßencafés auf dem nahezu verkehrsfreien Marktplatz von Bad Buchau eignen sich vorzüglich für eine kleine Rast, bevor wir das Stadtgebiet in westlicher Richtung verlassen und nach Oggelshausen radeln. Der Radweg befindet sich hier zusammen mit der Straße auf einer künstlich angelegten Aufschüttung im eigentlich früheren Bett des Federsees. Über die Jahre verlandet der Federsee, weil er keine ausreichend großen Zu- und Abflüsse besitzt; sehr viel Wasser verdunstet aus dem Becken, sodass mittlerweile große Riedflächen bestehen, die vielen Tierarten Schutz bieten. Oggelshausen ist eine kleine Gemeinde am östlichen Federseeufer und war in den Sechzigerjahren des vorigen Jahrhunderts Schauplatz für ein Bildhauersymposium, wovon das noch bestehende Skulpturenfeld zeugt. Die Gemeinde hat auch nördlich des Ortskerns ein kleines Naturschwimmbecken angelegt, das sich direkt am Rande des Federseeriebs befindet. Das kleine Becken bietet eine vorzügliche Gelegenheit, sich im Sommer aufzufrischen, aber Vorsicht: Der Einstieg über die Holzbohlen ist sehr glitschig … Von Oggelshausen aus fährt man, wenn man nach dem östlichen Ortsrand links abbiegt, über die ruhige Ansiedlung Bahnstock nach Hofen, das schon wieder zum Stadtgebiet von Biberach gehört. Unmittelbar hinter Hofen befindet sich links des Radwegs der Ayweiher.

Im Paradies der Hobbybrotbäcker und -nudelmacher

Backdorf Häussler

Der Ausstellungsbereich der Firma mit 1200 m² ist sehr liebevoll gestaltet und fast jeder Laie, der noch nie Brot gebacken hat, würde am liebsten sofort mit dem Brotbacken beginnen. Kurz gesagt: Hier gibt es das Rüstzeug für die schwäbische Hausfrau und alle, die es ihr nachtun wollen. Wie bekannt ist, weiß eine schwäbische Hausfrau zu wirtschaften und d. h. auch, dass sie nicht unbedingt das Billige einkauft, sondern das qualitativ Hochwertige, das dann am längsten hält. Ein schwäbisches Sprichwort lautet: »Da Gruschd kauft ma zwoimol«, übersetzt: »Wenn man minderwertige Ware einkauft, dann wird man sie irgendwann noch einmal kaufen müssen.«

Die Firma Häussler ist sehr traditionsbewusst und führt in regelmäßigen Abständen »Holzofentage« durch. An diesen Tagen werden in der Firma Führungen veranstaltet und es besteht die Möglichkeit, Gerichte, die mit Produkten der Firma zubereitet wurden, zu kosten.

16 Oberschwaben-Allgäu-Radweg von Ulm bis Leutkirch

Ländliche Form des Radfernweges

mittel | 80 km | 200 Hm | 8 Std.

Tourencharakter
Mittelschwere Tour mit einigen knackigen Steigungen auf überwiegend asphaltierten Radwegen, jedoch auch auf unbefestigten Waldwegen

Ausgangspunkt
Ulm, Hauptbahnhof

Endpunkt
Leutkirch, Stadtmitte

Anfahrt
Bahn: ÖPNV/Zug ab Ulm und zurück ab Leutkirch; Auto: Über die Autobahnen nach Ulm

Karte
Topografische Karte des Landesvermessungsamtes Baden-Württemberg 1:50 000

Einkehr
Gasthaus Adler, Ochsenhausen, Tel. 07352/926201; Gasthof Grüner Baum, Schloss Zeil, Tel. 07561/6007; Brauereigasthof Mohren, Leutkirch, Tel. 07561/98570

Information
Touristinfo Leutkirch, Tel. 07561/87154, leutkirch.de; Städtisches Verkehrsamt Ochsenhausen, Tel. 07352/922026, ochsenhausen.de

Ladestation
Jehle Markt, Blaubeurer Str. 76, Ulm; Veloce – der Radladen, Brühlstraße 16, Leutkirch; Allgäu Bike Sports, Poststraße 5, Leutkirch; Bahnhof Leutkirch; Radsport Geser, Bahnhof 5, Leutkirch

Unsere heutige Tour beginnt in Ulm, der wunderschönen Stadt an der Donau mit ihrem bekannten Münster und dem malerischen Fischerviertel. Die Tour startet am Hauptbahnhof, von wo wir auf dem direkten Weg hinunter zur Donau radeln.

Wir weichen bei dieser Tour etwas vom regulären und offiziellen Verlauf ab und benutzen ruhige Seitenwege. Die Strecke ist natürlich sehr gut kombinierbar mit anderen Touren dieses Buches, sodass man durchaus selbst Änderungen während der Fahrt vornehmen kann.

Von der Donau zur Iller Schon bald überqueren wir die Donau und kommen auf die bayerische Seite nach Neu-Ulm, wo wir entlang der Ludwigsau weiter nach Ulm-Wiblingen, das für seine große Klosteranlage bekannt ist, radeln. Das Wiblinger Kloster ist eine frühere Abtei der Benediktiner, in der es eine großartige Bibliothek aus dem Rokoko zu besichtigen gibt. Natürlich befindet sich auch das Wiblinger Kloster an der oberschwäbischen Barockstraße; es ist ebenso über den Iller-Radweg zu erreichen. Wir halten uns nun auf dem Radweg entlang der Iller und pas-

Holzstöcke

Die Holzstöcke sind ein lang gezogenes Waldgebiet südwestlich von Ulm im Alb-Donau-Kreis und im Landkreis Biberach in Oberschwaben. Die Holzstöcke erstrecken sich als flaches Hügelland zwischen den Flüssen Iller im Osten und Riß im Westen; nach Süden ragen sie bis kurz vor die Aitrach. Liebhaber von langen Fahrten durch den Wald kommen hier jedenfalls auf ihre Kosten, aber sie sollten das entsprechende Kartenmaterial mitnehmen.

Vöhlin-Schloss Illertissen

sieren Ortschaften wie Ober- und Unterkirchberg. Südlich von Oberkirchberg rücken wir etwas von der Iller ab, halten uns aber weiterhin südlich und biegen auf Höhe des Golfplatzes nach rechts in den Wald ab. Nach Durchquerung des Waldes erreichen wir die kleine Ortschaft Dorndorf, wo wir uns weiterhin südwärts halten und schließlich nach ausgiebiger Walddurchfahrt die Ortschaft Weihungszell erreichen. Von dort aus fahren wir nach Sießen im Wald und über Hörenhausen nach Wain. Von Wain aus geht es nach Süden und auch hier passieren wir wieder einen Golfplatz, bevor wir durch ein Waldstück hinüber nach Niedernzell ins Rottal gelangen. Nun fahren wir über Gutenzell-Hürbel, vorbei am kleinen Ort Eichen, ins Tal der Rottum und über Goppertshofen hinein nach Ochsenhausen, eine quirlige Kleinstadt zwischen Biberach und dem Illertal. Im ehemaligen Kloster ist heute eine Landesmusikakademie untergebracht.

Fahrradverleih und -service

Ralf Reich, Frauenstr. 34, 89073 Ulm, Tel. 0731/21179; Sary's Fahrrad-Galerie, Josef-Gabler-Str. 19, 88416 Ochsenhausen, Tel. 07352/2104, sary.info; Allgäu Bike Sports, Landhausstraße 1/1, 88299 Leutkirch im Allgäu, allgaeu-bikesports.de

Das Öchsle ist startklar.

Rechts: An der Iller

Museen in Ochsenhausen **Klostermuseum:** Im Klostermuseum Ochsenhausen wird die lange Geschichte der ehemaligen Benediktinerabtei wieder lebendig. Das Museum befindet sich im Südflügel des Fürstenbaus, dem früheren Gastbau des Klosters. **Museum der Waschfrauen:** Das Waschfrauenmuseum im Nebengebäude des historischen Öchsle-Bahnhofs in Ochsenhausen zeigt eine Ausstellung hauswirtschaftlicher Geräte, Wäsche und vieler liebevoll zusammengetragener Gegenstände des täglichen Gebrauchs aus früheren Zeiten.

Wir verlassen das Stadtgebiet und halten uns an die Beschriftung in Richtung des Naturfreibades Ziegelweiher, das im Sommer eine herrliche Erfrischung bietet und außerdem bewirtschaftet ist. Wir fahren durch den Fürstenwald zum St.-Anna-Hof und zur St.-Anna-Kapelle, wo wir dann rechts nach Steinhausen an der Rottum abbiegen.

Wer im Sommer eine kleine Pause im Schatten einlegen möchte, der sollte sein Fahrrad am Beginn des Krummbachs abstellen und eine Weile an dem Bächle entlangwandern. Bei Tour 26 wird auf die klösterliche Wasserversorgungsanlage Krummbach näher eingegangen. Von Steinhausen aus fahren wir gemäß der Wegweisung weiter nach Spindelwag ins Tal der Rot.

Aussichtspunkt Wachbühl

Der Wachbühl ist ein 791 Meter hoher Aussichtsberg in der Seibranzer Teilgemeinde Starkenhofen. Er ist die höchste Erhebung des Zeiler Rückens. An klaren Tagen sieht man von diesem Aussichtspunkt aus in die westlichen Teile Oberschwabens, den Bereich, den man vom später beschriebenen Aussichtspunkt am Schloss Zeil nicht einsehen kann. Auch auf dem Wachbühl sind einige Sitzgelegenheiten und Tische installiert, sodass man in schöner Atmosphäre seinen Reiseproviant genießen kann.

Flugplatz Leutkirch

Wer seine Radtour noch einmal von oben nachvollziehen möchte, kann sich vom Flugplatz Leutkirch-Unterzeil aus in die Lüfte schwingen und einen Rundflug unternehmen. Von Unterzeil aus kann man in kurzer Zeit die Königsschlösser, die Alpen und auch den Bodensee erreichen; ein Flug von dort aus ist in jedem Fall ein unvergessliches Erlebnis.

Auf dieser Strecke überqueren wir wieder die Kreisgrenze und befinden uns im Landkreis Ravensburg. Die nächste größere Station unserer Tour ist die Ortschaft Hauerz, die bereits zum Stadtgebiet des Moorbads Bad Wurzach gehört. Von Hauerz aus fahren wir weiter nach Linden und gelangen über schöne Feld- und Waldwege schließlich nach Seibranz.

Bethlehem in Oberschwaben

Im 17. Jh. bekamen evangelische Familien, die im Zuge der habsburgischen Gegenreformation aus Arriach in Kärnten abwanderten, von der Freien Reichsstadt Ulm Gebiete in der Gemeinde Wain als neuen Heimatort angeboten. Deshalb entstand hier schon sehr frühzeitig eine evangelische Gemeinde, die eine der schönsten evangelischen Dorfkirchen Oberschwabens baute. Den Platz, an dem die Neubürger siedelten, nannten sie Bethlehem.

Von dort aus bestünde nur die Möglichkeit, über eine etwas stärker befahrene Landstraße in Richtung Schloss Zeil zu kommen. Wir fahren nun aus der Ortschaft Seibranz in südlicher Richtung heraus und radeln ein Stück auf dieser Landstraße, biegen aber nach den Häusern von Sebastianssaul nach links in den Wald ab, bis wir die Möglichkeit haben, parallel zur stark befahrenen Straße über die Josefskapelle zum Schloss Zeil zu gelangen. Das Schloss Zeil bietet einen wunderschönen Überblick über das Allgäu um Leutkirch bis zur Alpenkette.

Oben: Wer lässt seinen Drahtesel da nicht eine Weile lang stehen?

Von Schloss Zeil aus fährt man schnell hinunter zur Ortschaft Unterzeil. Auf Höhe der Landebahn von Unterzeil, kurz nachdem wir auf einer Brücke die Autobahn überquert haben, biegen wir rechts ab und fahren schließlich auf der Westseite des Holzhofs in Richtung der Stadt Leutkirch, wo unsere erste Etappe endet.

17 Oberschwaben-Allgäu-Radweg nach Markdorf

Leberkäs und Hopfendolden

leicht | 70 km | 400 Hm | 8 Std.

Tourencharakter
Steigungen, jedoch auf überwiegend asphaltierten Radwegen und kleinen Landstraßen

Ausgangspunkt
Leutkirch, Stadtmitte

Endpunkt
Markdorf, Stadtmitte

Anfahrt
Bahn: ÖPNV/Zug ab Leutkirch und Markdorf; Auto: Über die A 96 Richtung Lindau, Ausfahrt Leutkirch

Karte
Topografische Karte des Landesvermessungsamtes Baden-Württemberg 1:50 000

Einkehr
Landgasthof Zum Ochsen, Ratzenried, Tel. 07522/ 91 21 46; Café Vaude, TT-Obereisenbach, Tel. 07542/ 93 90 64; Die Post, Oberteuringen, Tel. 07546/92 42 22

Information
Oberschwaben Tourismus, Bad Schussenried, tourismus-oberschwaben.de; Stadt Leutkirch, leutkirch.de; Luftkurort Wangen, wangen.de; Stadt Tettnang, tettnang.de; Stadt Markdorf, markdorf.de

Diese Tour führt uns in wunderschöne Bereiche des Württembergischen Allgäus, aber auch quer durch eines der größten Hopfenanbaugebiete der Welt.

Hier weichen wir von der eigentlichen Strecke des Oberschwaben-Allgäu-Wegs ab, indem wir eine etwas ruhigere Variante wählen. Diese Variante führt zwar nicht über das schöne Städtchen Isny, dafür aber durch die friedlichsten und ruhigsten Dörfer und vorbei an kleinen Seen.

Quer durchs Württembergische Allgäu Wir verlassen Leutkirch in westlicher Richtung und fahren über grüne Planwege nach Herlazhofen und weiter über Ortschaften wie Toberazhofen, Uttenhofen und Schwenden nach Ratzenried. Ratzenried ist eine sehr rührige Gemeinde, die zur Flächengemeinde Argenbühl gehört. Erwähnenswert ist die Burg Ratzenried, die auf Initiative örtlicher Vereine während langer Jahre wieder in einen »besichtigenswerten« Zustand versetzt wurde.
Im Heimatmuseum der Gemeinde, welches das erste seiner Art im Umkreis war und deshalb vom Regierungspräsidium Tübingen ausgezeichnet wurde, kann man die Geschichte des Orts nachvollziehen. In akribischer Sammelarbeit wurden Geräte und

Wangener Marktplatz mit Rathaus

Handwerkszeug aller im Ort vertretenen Berufe zusammengetragen. Von dort aus fahren wir weiter über Deuchelried ins Stadtzentrum von Wangen im Allgäu.

»In Wangen bleibt man hangen« Dieser Spruch steht auf einer Metalltafel im Stadtgebiet von Wangen und er soll ausdrücken, dass es in der Stadt so schön ist, dass mancher sich hier einige Zeit aufgehalten hat oder sogar ganz hier geblieben ist. Ich kann dies nur bestätigen, weil es in der Tat nicht sehr viele Städte in Süddeutschland mit einer ähnlichen Ausstrah-

Ladestation

Veloce – der Radladen, Brühlstraße 16, Leutkirch; Allgäu Bike Sports, Poststraße 5, Leutkirch; Bahnhof Leutkirch; Radsport Geser, Bahnhof 5, Leutkirch; Touristinfo, Bindstraße 10, Wangen; Neues Schloss Tettnang, Schlossstraße; BikeSport Spahn, Olgastraße 7, Tettnang; Bike-Tec, Schulstraße 16, Tettnang

lung gibt. Wangen besitzt eine wunderschöne Altstadt, die im Sommer zu längerem Verweilen einlädt. Die malerische, sorgfältig restaurierte, ehemalige Reichsstadt besitzt eine Vielzahl von historischen Gebäuden und einen der schönsten Straßenzüge in Süddeutschland. Allein schon die verschiedenen Brunnen im Innenstadtbereich verführen zu einem kleinen Spaziergang.

Bei Tour 11 sind bereits einige Einkehrmöglichkeiten beschrieben, weshalb hier nicht weiter darauf eingegangen wird. Aber ich vergesse natürlich in keinem Kapitel zu erwähnen, dass man unbedingt beim »Fidelisbäck« Station machen sollte – sonst wäre das Wort Leberkäs in der Überschrift überflüssig.
Von Wangen aus hat man im Falle einer Panne die Möglichkeit, zur Weiterreise den Zug zu benutzen. Von hier aus kann man über den Bahnhof Hergatz nach Lindau oder nach Memmingen und weiter nach München reisen. In umgekehrter Richtung kommt man über Kißlegg und Bad Waldsee nach Aulendorf, von wo aus die Weiterfahrt nach Biberach und Ulm möglich ist.
Weiter geht es nun in westlicher Richtung aus dem Stadtgebiet von Wangen über Niederwangen und Primisweiler nach Neukirch, wobei wir immer dem Flusslauf der Oberen Argen in Sichtweite folgen.
Auf dem Gemeindegebiet von Neukirch befinden sich wunderschöne Kabelhängebrücken über die Argen. Wenn man in die Ortschaft kommt, sollte man auch das Hexenhäusle – in dem aber noch jemand wohnt – von außen besichtigen.
Obereisenbach ist ein Teilort der Hopfenmetropole Tettnang und weltbekannt durch die Produkte der dort ansässigen Sportartikelherstellerfirma VAUDE. Für uns Radler ist der Werksverkauf der Firma eine wahre Fundgrube, zumal man sich in der den Verkaufsräumen angeschlossenen Gastronomie

Spuckbrunnen

Bei diesem Brunnen handelt es sich um eine Plastik, mit der die »verdruckten Allgäuer« aufs Korn genommen werden. Als »verdruckt« gelten Menschen, die man außerhalb des oberschwäbischen Sprachraums als Mischcharaktere zwischen geizig und verstockt bezeichnen würde. Die Allgäuer sind aber definitiv nicht so; sie öffnen sich Regionsfremden eben etwas behäbiger und mit einer etwas langsamer startenden, dafür dann aber echten Herzlichkeit. Der Brunnen wurde übrigens von Allgäuern in Auftrag gegeben, was beweist, dass sie auch über sich selbst lachen können. In der warmen Jahreszeit wird in längeren Zeitabständen aus einer Figur innerhalb der Plastik ein Wasserstrahl abgegeben. Ahnungslose Passanten sind so schon öfter unversehens nass gemacht worden, brauchten für den Spott oder die Schadenfreude der Umstehenden nicht zu sorgen.

Hopfendolden bei Tettnang

Links: »Sauwohl« fühlt man sich in der Altstadt von Wangen.

auch noch vorzüglich stärken kann. Von Obereisenbach aus fahren wir in Richtung Siggenweiler, biegen dann links ab und erreichen über die Örtchen Herrgottsweiler und Bernau die Stadt Tettnang. Wer Zeit hat, sollte in Siggenweiler noch das Hopfenmuseum besuchen. Das Museum wurde in drei historischen Gebäuden eingerichtet. Es wird die Geschichte des Hopfenanbaus bzw. der Kulturpflanze Hopfen dokumentiert. Man lernt sehr viel über den Anbau der Pflanze und hat auch die Möglichkeit, auf einem sechs Meter hohen Steg, dem »Hopfenguck«, einen beeindruckenden Blick über die Hopfengärten zu werfen.

In der quirligen Stadt Tettnang im Hinterland des Bodensees erwarten uns natürlich auch allerlei Sehenswürdigkeiten, wie das Schlossmuseum im Neuen Schloss, das Montfortmuseum und das Elektronikmuseum.

Fahrradverleih und -service

Blaser GbR Fahrradfachhandel, Landhausstraße 1, 88299 Leutkirch im Allgäu, 07561/9151775, Bike Sport Spahn, Fahrradeinzelhandel, Olgastraße 7, 88069 Tettnang, 07542/4089593, Radsport Trübenbacher Markdorf, Leimbacher Straße 15, 88677 Markdorf, 07544/9523807, radsport-markdorf.de

Von Tettnang aus fahren wir weiter nach Meckenbeuren, welches durch das Lied von der schwäbischen Eisenbahn weltberühmt ist. Es ist fast schade, der Gemeinde Meckenbeuren in einem solchen Buch so wenig Aufmerksamkeit zu widmen, nur weil eine Fahrradstrecke nicht unmittelbar an den Sehenswürdigkeiten der Gemeinde vorbeiführt. Die Gemeinde Meckenbeuren hat als erste Gemeinde ein Parkhaus für Fahrräder am Bahnhof errichtet, den »Bike Tower«. In diesem Fahrradparkhaus kann man als Gast der Gemeinde oder als Bahnreisender sein Fahrrad kostengünstig unterbringen; die Akkus von Pedelecs können während der Parkzeit sogar kostenlos aufgeladen werden.

Die Gemeinde Meckenbeuren engagiert sich sehr für diese umweltfreundliche Fortbewegungsart. Auch im teilweise sehr hügeligen Bereich der angrenzenden Stadt Tettnang macht es großen Spaß, mit einem Pedelec zu fahren. Wer sich in Meckenbeuren mit Kindern aufhält, kann ebenfalls das Ravensburger Spieleland in Meckenbeuren-Liebenau besuchen. Wir durchfahren den Ort durch den südlichen Ortsteil Reute und gelangen über den Ort Kehlen nach Oberteuringen, von wo aus es nicht mehr weit bis nach Markdorf ist.

Diese Radtour endet im Stadtgebiet von Markdorf; wer die Tour hier beenden möchte, kann auch mit der Eisenbahn nach Friedrichshafen fahren und kommt von dort in alle Richtungen weiter.

Markdorf

Markdorf liegt sehr idyllisch im Hinterland des Bodensees, was aber nicht heißt, dass es im Abseits ist. Es besitzt eine wunderschöne malerische Altstadt und ein Umfeld, das durch Obstwiesen, schöne Wälder und Aussichtspunkte geprägt ist. Über der Stadt Markdorf erhebt sich deren Hausberg, der Gehrenberg, mit seiner Höhe von ca. 750 Metern. Um die Aussicht auf den Berg noch etwas besser zu machen, wurde bereits im Jahre 1903 der »Gehrenbergturm« errichtet, von dem aus man einen traumhaften Blick über Markdorf, auf den Bodensee und auf die Alpen hat.

Burg Ratzenried

Auf dem Höhepunkt des 30-jährigen Kriegs wurde die Burg Ratzenried von schwedischen Truppen zerstört. Die Burg wurde nie wieder aufgebaut und diente den Menschen der Umgebung als preisgünstiger Steinbruch für das Baumaterial, das sie brauchten. So dämmerte die Burg über Jahrhunderte vor sich hin und geriet in Vergessenheit, bis sich der in den Achtzigerjahren des vorigen Jahrhunderts gegründete Heimatverein der Gemeinde daranmachte, sie aus ihrem Dornröschenschlaf zu wecken. Es ist sehr interessant, welche Dimension eine solche Burganlage in damaliger Zeit hatte; die Wucht dieser Ruinen zeugt davon.

Oberschwaben-Allgäu-Radweg bis Biberach

18

Vom Linzgau nach Oberschwaben

Diese herrliche Tour verläuft nicht ganz eben, aber führt gemächlich durch einige Täler aus der Bodenseeregion über das Deggenhausertal bis in das mittlere Oberschwaben. Die Tour beginnt in der Stadtmitte von Markdorf und führt uns gleich weiter in nördlicher Richtung über Grünwangen nach Wittenhofen ins Deggenhausertal.

Durch die Blitzenreuter Seenplatte Wir fahren jedoch nicht in das Deggenhausertal hinein, sondern halten uns in Wittenhofen in Richtung Urnau. Kurz vor der Ortschaft Urnau biegen wir nach links ab. Wir folgen nun der Beschilderung des Donau-Bodensee-Radwegs und biegen in Hasenweiler nach rechts ab in Richtung Danketsweiler. Von dort aus fahren wir weiter nach Fronhofen und durch die Blitzenreuter Seenplatte.
Weiter geht es über Blönried nach Aulendorf. Aulendorf ist sowohl eine oberschwäbische Bäderstadt als auch ein Eisenbahn-

Deggenhausertal

Auch Deggenhausertal ist so eine Art Geheimtipp im Hinterland des Bodensees. Weil das Tal schon etwas weiter vom See entfernt ist, ist es zwar bekannt, wird aber von den durchreisenden Tagestouristen gestreift. Deggenhausertal liegt mit seinen bezaubernden Wiesentälern und sonnigen Talauen inmitten der blühenden Natur entlang der Deggenhauser Aach und des Rotachtals. Von Deggenhausertal aus kann man wunderbare Wanderungen zum Gehrenberg, nach Heiligenberg oder auf den Höchsten machen. Die Gemeinde hat tatsächlich 200 Kilometer ausgeschilderte Wanderwege in herrlichster Natur und abseits vom großen Touristenrummel. Eine Besonderheit in der Gemeinde ist der Franziskusweg, ein meditativer Wanderweg mit Bildstöcken, gestaltet nach dem Lied »Sonnengesang« des Franz von Assisi.

mittel | 80 km | 200 Hm | 9 Std.

Tourencharakter
Mittelschwere Tour mit wenigen, für Elektrofahrräder unproblematischen Steigungen. Überwiegend asphaltierte Radwege und schwach frequentierte Landstraßen

Ausgangspunkt
Markdorf, Stadtmitte

Endpunkt
Biberach, Stadtmitte

Anfahrt
Bahn: ÖPNV/Zug ab Markdorf/Biberach; Auto: Über die A 96 nach Lindau und von dort aus über die Bundesstraße nach Friedrichshafen und weiter nach Markdorf

Karte
Topografische Karte des Landesvermessungsamtes Baden-Württemberg 1:50 000

Einkehr
Ferienhof Tiergarten, Aulendorf, Tel. 07525/91 31 90, ferienhof-tiergarten.de; Burgcafé Otterswang, Nähe Bad Schussenried, Tel. 07525/71 03; Erlebnisbrauerei Ott, Bad Schussenried, Tel. 07583/40 40, schussenrieder.de; Landgasthof zur Linde, Steinhausen, Tel. 07583/23 81

Information
Oberschwaben Tourismus, Bad Schussenried, Tel. 07583/33 10 60, oberschwaben-tourismus.de; Landkreis Biberach, biberach.de; Stadt Biberach, biberach-riss.de

Skulpturen von Herzogin Diane von Württemberg im Schlosspark von Altshausen

Rechts: Schloss Altshausen – ab hier wird es privat …

knotenpunkt. Von Aulendorf aus besteht die Möglichkeit, die Tour wieder abzukürzen und auf dem direkten (Schienen-)Weg zum eigentlichen Ausgangsort dieser Tour, nämlich nach Ulm, zu gelangen. Wer gemäß der Beschreibung weiterradeln möchte, gelangt von Aulendorf über die Ortschaft Otterswang nach Bad Schussenried. Für diese Etappe sollte man sich unbedingt etwas mehr Zeit lassen, da schon direkt hinter Otterswang links oben auf dem Berg das wunderschöne Burgcafé zum Verweilen einlädt.

Ladestation

Gästeinformation Aulendorf, Hauptstraße 35; Touristinfo, Wilhelm-Schussen-Str. 36, Bad Schussenried; Schwarzbierhaus Dicke Hilde, Ziegeleiweg 2, Bad Schussenried; Rad-Service-Zipfel, Ehinger-Tor-Str. 25, Biberach

Burgcafé Otterswang Abseits des Verkehrsbetriebes und sehr idyllisch über dem Schussental, auf das man einen eindrucksvollen Panoramablick genießt, liegt das Burgcafé Otterswang. Aufgrund seiner exponierten Lage fällt das Café schon von Weitem auf. Leider ist das Café nicht mehr bewirtet; der Besitzer ist verstorben.

Wer sich diesen Anstieg ersparen möchte, kann nach Bad Schussenried hineinradeln und kommt in der dortigen Erlebnisbrauerei voll auf seine Kosten. Hier gibt es ein gutes Vesper, ein gutes Bier natürlich – und wer genug für das leibliche Wohl getan hat, kann noch das einzigartige Bierkrugmuseum besuchen.

Torgebäude von Schloss Altshausen

Wer etwas Ruhe möchte und die Entspannung an einem schönen Natursee sucht, der sollte weiter in Richtung Biberach fahren und im kleinen Ort Olzreute am dortigen Olzreuter See auf der Terrasse des Seehofs rasten. Der Besitzer des Seehofs hat an seinem Teil des Olzreuter Sees eine wunderschöne Badestelle mit Duschmöglichkeit errichtet. Menschen, die ihre Badehose vergessen haben, sollten in der Ortschaft nach dem Niklassee fragen … Von Olzreute aus fährt man über den kleinen Weiler Lauhaus, vorbei an Dunzenhausen, nach Steinhausen. Zum Genießen ist der wunderschöne Ausblick auf die schönste Dorfkirche der Welt, der sich einem bietet, wenn man nach Lauhaus aus dem Wald herausfährt. In Steinhausen sollte man sich natürlich unbedingt die Zeit nehmen, die Wallfahrtskirche Unserer Lieben Frau zu besichtigen. Im Nahbereich der Kirche befinden sich auch Cafés und empfehlenswerte Gastronomie.

Unsere Tour führt weiter zum Teilort Muttensweiler. Dann kommt ein kleiner Anstieg zum Weiler Grodt, wo man auf einem Landwirtschaftsweg in Richtung Wald fährt. Wir radeln nun in den Wald hinein und gelangen zum Örtchen Voggenreute, wo man links hinab nach Reute fährt. Von Reute aus radeln wir durch das Wolfental nach Biberach hinein, wo unsere Tour auf dem

Fahrradverleih und -service

Radsport Trübenbacher Markdorf, Markdorf, Tel. 07544/9523807; Respect Sport & Rad, Aulendorf, Tel. 07525/60300

Betsaal auf dem Saalplatz von Wilhelmsdorf

Marktplatz endet. Für Freunde von Islandpferden befindet sich mitten im Wolfental in der ehemaligen Wolfentalmühle der Islandpferdehof Bogatyr. Kinder sind hier gut aufgehoben und können sogar im Rahmen einer Ferienfreizeit Reitstunden nehmen.

Die Tour lässt man am besten mit einem frisch gezapften Bier der einzigen noch aktiven Brauerei von Biberach, nämlich der Hausbrauerei des Café Weichhardt, in gemütlicher Runde ausklingen. Wem nicht nach einem Bier ist, der findet in der Biberacher Innenstadt sämtliche Möglichkeiten für eine gemütliche Einkehr: vom Straßencafé über die Eisdiele und das etwas noblere Restaurant bis zur Weinstube. Ab Bad Schussenried kann diese Tour auch über Bad Buchau weiter in Richtung Ulm gefahren werden. Tour 19 wurde extra als eine Variante für eine solche Weiterfahrt gestaltet.

Erlebnisbrauerei Bad Schussenried mit Bierkrugmuseum

Was in früherer Zeit eine alteingesessene Brauerei war, hat sich mit den Erfordernissen der Neuzeit weiterentwickelt und bietet neben den produzierten Produkten auch vielfältige Erlebnisse rund um die Braukunst. Die Brauerei bietet Einblicke in den Brauprozess, Erklärungen brauereispezifischer Vorgänge sowie das weltweit einzige Bierkrugmuseum. In diesem Museum kann man sich auf eine Zeitreise durch fünf Jahrhunderte deutscher Trinkkultur begeben. Auf zwei Stockwerken können ca. 1200 Bierkrüge aus dem 15. bis 20. Jh. aus der privaten Sammlung des Seniorchefs der Brauerei besichtigt werden. Dass es in der Schenke der Brauerei u. a. ein gutbügerliches Vesper gibt, muss vermutlich nicht extra erwähnt werden. Die Brauerei dient regelmäßig dem Fernsehen als Aufzeichnungsort für volkstümliche Musiksendungen und wird für Theateraufführungen genutzt.

Von Bad Buchau nach Ulm

19

Südlich der Schwäbischen Alb quer durch das nördliche Oberschwaben

Unsere Tour beginnt auf dem Parkplatz des Federseemuseums in Bad Buchau und führt in der Folge auf einem Holzsteg durch das Banngebiet Staudacher am westlichen Federseerand nach Moosburg. Bad Buchau selbst würde sich auch für einen Mehrtagesaufenthalt eignen, da es dort vielfältige Möglichkeiten gibt, sich sportlich zu betätigen, sowie ein großartiges Kurangebot.

Der folgende Bereich südlich der Schwäbischen Alb, also im nördlichsten Teil Oberschwabens, ist ein Paradies für Radler. Auf sehr ruhigen Rad- und Feldwegen geht es in Richtung Ulm. Unterwegs kommt man an Baggerseen, die teilweise auch als Badesee mit Bewirtschaftung, Umkleiden und Toiletten und sogar Campingmöglichkeit ausgestattet sind, vorbei und passiert natürlich auch kleine oberschwäbische Dörfer, wo eine Einkehr möglich ist.

leicht | 60 km | 100 Hm | 6 Std.

Tourencharakter
Leichte Tour ohne nennswerte Anstiege, da überwiegend im Flusstal der Donau gefahren wird

Ausgangspunkt
Bad Buchau, Marktplatz

Endpunkt
Ulm, Münsterplatz

Anfahrt
Bahn: Mit ÖPNV nach Bad Buchau (Bahnhöfe Bad Schussenried oder Riedlingen, dann mit Linienbus nach Bad Buchau). Auto: A 8/A 7 bis Ulm, dann bis Biberach auf B 30

Karte
Topografische Karte des Landesvermessungsamtes Baden-Württemberg 1:50 000

Einkehr
In den größeren Orten auch werktags in gutbürgerlichen Gasthöfen in Zentrumsnähe möglich; auf dem Land sind die Dorfgasthöfe oft nur abends oder am Wochenende geöffnet.

Information
Über die Websites der angefahrenen Orte; es liegen auch in den Rathäusern und Bewirtungs-/Beherbungsbetrieben entsprechende Materialien aus.

Fahrradverleih und -service
Radshop Ehingen, Hauptstraße 195, Ehingen, Tel. 07391/7819642

Oberschwäbische Kurstadt Die öffentlichen Verkehrsmittel beschränken sich zwischen Bad Buchau und Rottenacker auf den Busverkehr, da erst ab Rottenacker eine Weiterfahrt mit der Eisenbahn möglich ist. Auch Bad Buchau selbst hat keinen Bahnanschluss und ist nur über die Bahnhöfe von Biberach, Bad Schussenried und Aulendorf erreichbar.

Der Radweg führt am Anfang entlang der Hauptsehenswürdigkeiten der Stadt Bad Buchau. So lohnt es sich, sich einige Zeit zu nehmen, um auf dem Federseesteg durch den Schilfgürtel zur offenen Wasserfläche des Federsees zu wandern. Es dauert eine Weile, da der Steg 1,5 Kilometer lang ist und es unterwegs sehr viel zu beobachten gibt. Am Ende des Stegs kann man sich sogar ein Ruderboot ausleihen und den See – natürlich außerhalb der Schilfrandzonen – befahren.

Bad Buchau ist eines der Oberschwäbischen (früher Moor-, heute Thermal-)Bäder und hat seine Kurmöglichkeiten auch für selbstzahlende Gäste geöffnet, sodass die typischen Anwendungen durchaus auch ohne ärztliche Verordnung in Anspruch genommen werden können.

Im Sommer ist die Umgebung der Stadt ein Paradies für Radfahrer und Erholungsuchende, die die ländliche Umgebung schätzen. Rad- und Wanderwege sind von der Stadtverwaltung und den umliegenden Gemeinden vorbildlich ausgearbeitet und ausgeschildert. In diesem Zusammenhang ist auch die Gemeinde Dürmentingen zu empfehlen. Sie liegt zwischen Bad Buchau und Riedlingen und ist dank engagierter Einwohner ein Geheimtipp für Radler – eine hervorragende Fahrradkarte kann man beim Bürgermeisteramt erhalten.

Wackelwald

Dieser Wald ist eine Eigenart der Natur im Federseegebiet; man gelangt zu ihm, indem man den Wegweisern aus dem Kurgebiet folgt. Das Gebiet wurde früher zur Eisgewinnung für die örtliche Brauerei genutzt, also als »Eisweiher«. Mit dem Aufkommen neuzeitlicher Kühltechnologie wurden diese Weiher überflüssig und vielfach mit Wald bepflanzt. Da der Untergrund aber nach wie vor moorig ist, gibt er nach und federt.

Diese Untergrundbeschaffenheit war auch der Grund, dass über Jahre hinweg das Gebiet um Bad Buchau von verschiedenen Militärs für die Ausbildung von Fallschirmeinheiten genutzt wurde, weil es bei Sprungübungen zu erheblich weniger Verletzungen kam.

Über die Dörfer Man verlässt also Bad Buchau über den Holzsteg des »Staudacher-Wegs«, welcher im Gegensatz zum Federseesteg mit Fahrrädern befahren werden darf, und gelangt nach

Moosburg, der kleinsten selbstständigen Gemeinde des Landkreises Biberach. Von dort aus geht es nach Alleshausen, immer dem Federseerundweg folgend. Kurz nach Alleshausen biegt man an der dortigen Schule nach links in Richtung Uttenweiler ab und gelangt auf kleinen Wegen über den Weiler Ödenahlen nach Ahlen. Dort überquert man die viel befahrene Bundesstraße und verlässt die Ortschaft in nördlicher Richtung, wo man nach wenigen Metern wieder rechts nach Rupertshofen abbiegt.

Um die Gegend zu Fuß zu erkunden, stellt man sein Fahrrad auch mal ab.

Links: Am Federseesteg wird geschoben.

Ab hier wird es wieder ruhig und beschaulich und man hält sich in der Ortsmitte Rupertshofen an den Radweg in Richtung Laupheim. Weiter geht es über die kleinen Orte Aigendorf und Ellighofen nach Mühlhausen, wo man im Josefshof wunderbar einkehren kann.

Wer kleinere Etappen fahren möchte, kann hier nach Moosbeuren abbiegen und im dortigen Brauereigasthof wunderbar speisen und nächtigen. Moosbeuren ist überhaupt weithin bekannt für seine gute Gastronomie. So gibt es dort auch eine ehemalige Bäckerei, die mittlerweile sehr gute Spanferkel anbietet.

Judentum in Bad Buchau

Bad Buchau hatte eine jahrhundertealte jüdische Geschichte. Über 600 Jahre lang lebten dort bis zum Dritten Reich Juden und Christen friedlich zusammen. Aus Bad Buchau stammten auch die Eltern von Albert Einstein, sie zogen vor seiner Geburt jedoch nach Ulm. In Bad Buchau befindet sich heute noch ein alter jüdischer Friedhof, auf dem einst auch Mitglieder der jüdischen Gemeinden aus Mittelbiberach und Aulendorf beigesetzt wurden. Die entsprechenden Stätten in Bad Buchau lassen sich besuchen und im Rathaus werden detailliertere Informationen vorgehalten.

Idyllische Fleckchen laden zur Pause ein.

Wen es weiterzieht, der fährt in Mühlhausen auf den Mundeldinger Weg und radelt abseits der Landstraße auf jedoch auch von Kraftfahrzeugen der Anwohner benutzten Wegen über Oberstadion und Unterstadion weiter. In Oberstadion soll übrigens Wendelin Buck die Waschmaschine erfunden haben. Ab hier ist der Radweg auch in Richtung Ehingen beschildert, sodass wir in Oberstadion weiterfahren und am nördlichen Ortsende nach rechts abbiegen.

Wir gelangen nun in Richtung Rottenacker und passieren den Badesee Heppenäcker, ein Naherholungsgebiet, welches mit Bewirtung, Umkleiden, Duschen und schöner Liegewiese und sogar einer Campingwiese erschlossen ist. Wer sich hier aufhalten möchte, sollte sich an die Regeln halten. Die Gemeinde unterscheidet nämlich zwischen Bade- und Naturschutzsee. Besucher sollten sich lediglich im Bereich des Badesees aufhalten.

Ladestation

Inzwischen verbreitet, jedoch nicht zentral erfasst. Es wird stets die Mitnahme des eigenen Ladegeräts empfohlen; so wird jede Gaststätte während der Rast zur Ladestation.

Wen es dann weiterzieht, der nimmt den Radweg in Richtung Rottenacker und wird dort auf den Radweg in Richtung Ulm geleitet. Dieser verläuft durch die Donauauen und an weiteren Baggerseen vorbei. Es werden die kleinen Ortschaften Dinten-

hofen und Dettingen passiert. Wenn man auf Höhe der großen Papierfabrik an den Stadtrand von Ehingen gelangt, hat man noch die Möglichkeit, nach rechts in den Vorort Berg zu gelangen und dort in der Brauereigaststätte zu rasten. Die Biere dieser Brauerei sind weithin bekannt und die Gaststätte bietet auch Lademöglichkeit für Pedelecs an.
Wer die Stadt Ehingen nicht besuchen möchte, kann direkt von Berg aus dem Radweg in Richtung Nasgenstadt folgen und wird von dort weiter auf den Donauradweg in Richtung Ulm geleitet. Wer nach Ehingen will, kann sich dort an den Erzeugnissen weiterer dreier Brauereien laben und findet sicherlich auch ein Übernachtungsquartier.

Ehingen selbst ist eine lebhafte oberschwäbische Kleinstadt, in der die größten Fahrzeug- und Raupenkrane der Welt produziert werden – die fertigen Krane sind auf dem Testgelände der Firma aufgestellt und schon von Weitem sichtbar. Die Stadt liegt an der Oberschwäbischen Barockstraße und der Deutschen Fachwerkstraße. Wer die Stadt per Rad verlassen will, orientiert sich an den Wegweisern des Donauradweges, der dann über Nasgenstadt und Öpfingen ostwärts führt.

Der Federseerundweg ist gut ausgeschildert.

Endstation Ulm Weiter gelangt man über die Ortschaften Donaurieden und Erbach in das Industriegebiet Donautal, einen westlichen Vorort der Universitätsstadt Ulm. Ulm selbst bietet sich natürlich auch als Zwischenstation an, idealerweise sollte man sich dafür jedoch mehrere Tage Zeit nehmen. Auf jeden Fall stehen ab Ulm sämtliche öffentlichen Verkehrsmittel bereit, falls man die Tour dort beenden möchte. Wer nicht entlang der Donau weiterradeln will, dem sei die Strecke Richtung Illertal empfohlen, oder aber der Aufstieg in Richtung Ostalb, wo man die Weiterfahrt auf anderen Fernradwegen planen kann. Von Ulm aus bietet der Alb-Donau-Kreis ein umfassendes Radwegangebot an – Informationsmaterial gibt es im Internet und bei den Gastronomie- und Beherbergungsbetrieben.
Unsere Endstation Ulm wird vielfach anderweitig beschrieben und es muss sicherlich nicht erwähnt werden, dass dort der höchste Kirchturm der Welt steht, nämlich der des von Weitem sichtbaren Ulmer Münsters. Ulm ist auch der Geburtsort von Albert Einstein und der Ort, in dem die Geschwister Scholl ihre Jugendzeit verbrachten.

20 Deutsche Fachwerkstraße – von Blaubeuren nach Biberach

Am Topf der Blau bei der schönen Lau

leicht | 80 km | 100 Hm | 9 Std.

Tourencharakter
Leichte Tour mit wenig Steigung auf überwiegend asphaltierten Radwegen und schwach frequentierten Landstraßen

Ausgangspunkt
Blaubeuren, Stadtmitte

Endpunkt
Biberach, Stadtmitte

Anfahrt
Bahn: ÖPNV/Zug ab Blaubeuren, Riedlingen, Biberach; Auto: Über die Autobahnen nach Ulm und gemäß der Beschilderung nach Blaubeuren

Karte
Topografische Karte des Landesvermessungsamtes Baden-Württemberg 1:50 000 und entsprechende Literatur der Geschäftsstelle der Deutschen Fachwerkstraße, deutsche-fachwerkstrasse.de

Einkehr
Rössle Bräu, Ehingen (Donau), Tel. 07391/534 65; Brauereigasthof Schwanen, Ehingen, Tel. 07391/534 20; Gasthaus Hirsch, Riedlingen, Tel. 07371/73 65

Information
Oberschwaben Tourismus, Bad Schussenried, oberschwaben-tourismus.de; Stadt Blaubeuren, blaubeuren.de; Stadt Riedlingen, riedlingen.de; Stadt Biberach, biberach-riss.de; Landkreis Biberach, biberach.de; deutsche-fachwerkstrasse.de

Blaubeuren ist ein kleines Städtchen wie aus dem Märchenbuch. Wir kommen am Bahnhof, der außerhalb des Stadtkerns liegt, an und müssen unbedingt in die Stadt hineinradeln.

Die Stadt war früher vom Durchgangsverkehr überschwemmt. Doch vor einigen Jahren wurde hier ein Umgehungstunnel gebaut, sodass in dem Teil der Stadt, in dem man für eine Besichtigung Ruhe brauchen kann, auch tatsächlich Ruhe eingekehrt ist. Das bekannteste Gewässer der Stadt ist der Blautopf, dessen blaue Farbe sehr beeindruckend ist. Es hat etwas Mystisches und sehr Entspannendes, wenn man einige Zeit am Ufer verweilt und genießt. In Blaubeuren waren über lange Zeit Benediktinermönche ansässig und so gibt es natürlich auch Sakralbauten wie die Klosterkirche mit ihrem weltberühmten Hochaltar und das Mönchsbadhaus neben vielen Fachwerkbauten. Ein bekannter Fachwerkbau ist das Haus »Hohe Wil«, das als Fachwerkschätzchen bezeichnet wird.

Biberachs Altes Rathaus

Linke Seite: Schönes Fachwerkhaus in Blaubeuren

Durch das nicht so bekannte Urstromtal der Donau Nachdem wir uns ausgiebig in dieser Stadt umgesehen und vermutlich den Entschluss zur baldigen Wiederkehr gefasst haben, radeln wir durch das Urdonautal nach Westen aus dem Städtchen hinaus und gelangen über Weiler nach Schelklingen und Schmiechen. Das Tal war früher tatsächlich das erste Flusstal der Donau, bevor diese sich – aus welchen Gründen auch immer – in Ehingen dazu entschlossen hat, ihre Richtung zu ändern. Was sie vor diesem Entschluss allerdings aus der Alb herausgefräst hat, ist nicht minder sehenswert wie das eigentliche Donautal zwischen Beuron und Sigmaringen.

Wir radeln weiter und erblicken schon von Weitem, kurz nach Allmendingen, das neuzeitliche Erscheinungsbild von Ehingen, nämlich das Werk der Firma Liebherr, die hier die größten Autokräne der Welt produziert. Das ist natürlich nicht unbedingt nur

Ladestation

Radshop Ehingen, Hauptstraße 195; Infoterminal am Marktplatz, Ehingen; Ehinger Rose Hotel & Restaurant, Hauptstraße 10; Hotel & Restaurant Adler, Hauptstraße 116, Ehingen; Rad-Service-Zipfel, Ehinger-Tor-Str. 25, Biberach

Blautopf

Um den Blautopf ranken sich viele Sagen. Die Menschen konnten sich lange die intensive und je nach Lichteinfall wechselnde Blaufärbung nicht erklären und so hieß es, dass täglich ein Fass Tinte hineingeschüttet wurde.
Im Bereich der Alb konnten die Menschen früher nicht schwimmen und hatten deshalb großen Respekt vor solchen Gewässern, deren Tiefe sie nicht einschätzen konnten. Da man beim Blautopf den Grund nicht sehen konnte, galt er als bodenlos. Man erzählte sich, dass im Teich eine Nixe sei, die sämtliche Versuche, die Tiefe des Gewässers per Bleilot zu messen, vereitle, indem sie das zur Messung verwendete Bleigewicht stehlen würde. Ein kleines Bleigewicht nennt man in Oberschwaben »a Klötzle Blei«, also ein Bleiklötzchen. In Anlehnung an die Sage heißt auch ein Fels in der Nähe des Blautopfs »Klötzle Blei«. Die Tiefe des Blautopfs wurde aber schon sehr früh genau ermittelt: Sie beträgt 19 m. Der Blautopf ist eine der größten Karstquellen in Deutschland. Er ist Quelle des 15 Kilometer langen Flusses Blau, welcher in Ulm in die Donau mündet.

das, was Ehingen ausmacht, aber vermutlich ist die Stadt schon stolz auf dieses neuzeitliche Bauwerk, durch das die schöne Altstadt überhaupt nicht leidet. Ehingen selbst ist auch Bierkulturstadt und es gibt in der Stadt immer noch einige Brauereien, die aktiv sind – was ja heute nicht mehr selbstverständlich ist.
Die Initiatoren dieser Bierkulturstadt haben jedoch um die eigentliche Produktion des Gerstensafts herum ein sehr interessantes Gebilde aus Veranstaltungen geschaffen, sodass es sich durchaus lohnt, den Veranstaltungskalender im Auge zu behalten und ab und zu Veranstaltungen zu besuchen. Übrigens verleiht eine der Brauereien Pedelecs und betreibt Ladestationen in Gastwirtschaften, die sie beliefert. Diese Brauerei bietet auch ein kleines Tourenbüchlein an und eigentlich kann man schon mit diesem eine wunderschöne Urlaubswoche im Bereich von Ehingen gestalten.

Von Ehingen aus fahren wir nun an der Donau entlang weiter; wir haben uns, falls wir die Orientierung verlieren, nur an den Flusslauf zu halten und gelangen schließlich nach Munderkingen. Auch Munderkingen ist wieder ein typisches, oberschwäbisches Flussstädtchen an der Donau und in Sichtweite der schwäbischen Alb. Wie alle diese Städte hat Munderkingen eine sehr sehenswerte und gemütliche kleine Altstadt, an der man nicht vorbeiradeln sollte. In unserem Fall verlassen wir allerdings nach dem Stadtgebiet den Verlauf der Donau und fahren weiter nach Hausen am Bussen und über Feld- und Waldwege nach Reutlingendorf.

Wir radeln weiter von Reutlingendorf nach Zell und Bechingen, wo wir wieder an die Donau kommen, deren Verlauf wir bis nach Riedlingen folgen. Riedlingen ist eine Kleinstadt, die sich ebenfalls wie die anderen vorgeschilderten Städtchen am Fluss und in Sichtweite der schwäbischen Alb befindet. In früheren Zeiten spielten diese Städte als Marktgemeinden für die Bewohner der ländlichen Gebiete eine große Rolle. Aus diesem Grund befinden sich auch in den Innenstädten viele imposante Fachwerkbauten, die einst Kaufleuten gehörten. Vielfach waren diese Bauten Gastwirtschaften mit Ställen, sogenannte Einstellwirtschaften, in denen Reisende ihre Reit- und Zugtiere unterbringen konnten.

Wir Pedelec-Fahrer haben es da leichter – wegen uns muss kein Wirt mehr Ställe ausmisten, uns genügt eine Steckdose.

Auch Riedlingen ist eine Stadt, in der sich sehr viel unternehmen lässt. Wer in Riedlingen Station macht, ist für alle Witterungen gewappnet, da es in der Stadt einige kleine Museen und gemütliche Gaststätten gibt; die Topografie der Gegend gestattet Fahrradtouren für jeden Anspruch.

Wer sich hier länger aufhält, sollte nicht versäumen, den heiligen Berg Oberschwabens, den Bussen, zu erradeln. Dieser lässt sich wunderbar in die Strecke einbauen, indem man einfach in Reutlingendorf nach links abbiegt und über Dietelhofen und Aderzhofen zum Bussen fährt. Man kommt in der Bussengemeinde Offingen an und sollte hier vom Fahrrad absteigen, bevor man den letzten Steilanstieg zur Bussenkirche wagt. An klaren Tagen wird man für die Anstrengung mit einem wunderschönen Ausblick belohnt; man sieht über das Federseebecken bis zur Alpenkette. Die rasante Abfahrt macht man dann über Unlingen und fährt von dort aus über Eichenau geradewegs wieder hinein nach Riedlingen.

Fahrradverleih und -service

Zweirad Baumann, Hauptstr. 2, 89143 Blaubeuren, Tel. 07344/4210, zweirad-baumann.de; Käppeler, Karlstr. 52, 89143 Blaubeuren, Tel. 07344/6398, rundums-rad.com

Die Fachwerkstraße führt uns nun aus der Stadt Riedlingen hinaus an die Ortsgrenze von Heudorf und weiter nach Hailtingen.

Rechte Seite: Die Hammermühle liegt am Blautopf bei Blaubeuren.

Von dort aus fahren wir einige Kilometer entlang der Bundesstraße auf einem gut ausgebauten Radweg nach Uttenweiler mit seiner markanten zweitürmigen Kirche. Hier entfernen wir uns wieder von der Bundesstraße und biegen von der Hauptstraße gemäß der Beschilderung nach Dettenberg ab. Weiter geht es über asphaltierte Feldwege nach Rupertshofen und Attenweiler.

Von Attenweiler aus radeln wir entlang der Straße in Richtung Biberach und gelangen zu der kleinen Ansiedlung Burren, die aus einigen landwirtschaftlichen Anwesen, einem Forsthaus und einer Gaststätte, die in dieser Region als »Burrenwirtschaft« bekannt ist, besteht. Diese Gaststätte eignet sich hervorragend für einen Aufenthalt; gastronomisch ist man bestens versorgt, bevor man dann durch den letzten Teil des Waldstücks in Richtung des Stadtgebiets von Biberach fährt. Wir nähern uns der Stadt, fahren am Reitstall vorbei und halten uns dann einfach talwärts, weil wir aus jeder Richtung direkt in die Innenstadt gelangen.

Weberberg

Der Weberberg ist eine Zunftsiedlung der früher hier ansässigen Weber, welche vom 15. bis zum 17. Jh. Barchent fertigten. Der Barchent aus Biberach war sehr bekannt und eine wichtige Handelsware der Stadt. Zeitweise wurden in dem historischen Viertel bis zu 400 Webstühle betrieben. Heute erinnert eine sogenannte »Weberdunk« an diesen alten Berufsstand; die Häuser im Viertel wurden in den letzten Jahrzehnten wieder liebevoll restauriert und mittlerweile handelt es sich beim Weberberg um ein attraktives Wohnviertel.

In dem Viertel befindet sich eine Töpferei, die wunderschöne Nachbildungen von historischen Häusern der Biberacher Innenstadt fertigt.

Durch den Burren nach Biberach

Für Freunde der Fachwerkbauweise ist die Besichtigung des Altstadtquartiers Weberberg ein Muss. Hier wurde die mittelalterliche Altstadt wieder in ihrer schönsten Erscheinungsform errichtet und dank dem Verantwortungsbewusstsein der Bewohner gibt es in diesem Teil der Altstadt auch keine Verunstaltungen durch neuzeitliche Reklameschilder und ähnliche störende Einflüsse.

Zu diesem Bewusstsein trägt auch die Zusammensetzung der Bewohner bei. Vom Architekten bis zum Schriftsteller, von der Therapeutin bis zum Töpfer – alle diese Berufe sind in diesem alten Stadtviertel zu finden. Man merkt den Geist auch am liebevollen Pflegezustand der Bausubstanz und der Kultur des »Miteinanderumgehens«.

21 Deutsche Fachwerkstraße – von Biberach nach Überlingen

Oft flach, kaum Berg, dafür Fachwerk

mittel | 90 km | 100 Hm | 9 Std.

Tourencharakter
Landschaftsübliche Steigungen auf überwiegend asphaltierten Radwegen und Straßen

Ausgangspunkt
Biberach, Stadtmitte

Endpunkt
Überlingen am Bodensee, Stadtmitte Meersburg, Hafen

Anfahrt
Bahn: ÖPNV/Zug ab Biberach, Aulendorf, Überlingen; Auto: Über die Autobahn nach Ulm oder Memmingen und über die Bundesstraßen nach Biberach

Karte
Topografische Karte des Landesvermessungsamtes Baden-Württemberg 1:50 000

Einkehr
Ferienhof Tiergarten, Aulendorf, Tel. 07525/91 31 90; Deutscher Kaiser, Pfullendorf, Tel. 07552/81 39; Gasthaus Krone, Überlingen, Tel. 07551/91 99 33

Information
Oberschwaben Tourismus, Bad Schussenried, Tel. 07583/33 10 60, oberschwaben-tourismus.de; Stadt Pfullendorf, pfullendorf.de; Stadt Aulendorf, aulendorf.de; deutsche-fachwerkstrasse.de

Diese Tour beginnt in Biberach an der Riß. Wir fahren vom Marktplatz aus in westlicher Richtung und verlassen durch das malerische Wolfental die Stadt.

Wir radeln immer am Bach entlang und durchqueren die Ortschaft Reute, wo wir am Ortsende nach links in Richtung Voggenreute abbiegen. Dort halten wir uns rechts und biegen nach ca. 200 Metern nach rechts gemäß der Beschilderung des Jakobsweges in den Wald hinein ab.
Nun kommen wir an eine wunderschön gelegene kleine Bank, von der aus wir einen Überblick über das vor uns liegende Panorama bekommen. Wir erblicken zur Rechten den Heiligen Berg Oberschwabens, den Bussen, geradeaus fällt unser Blick auf die schönste Dorfkirche der Welt, Steinhausen, und bei entsprechender Wetterlage sehen wir links die gesamte, von hier aus sichtbare Kette der Alpen.

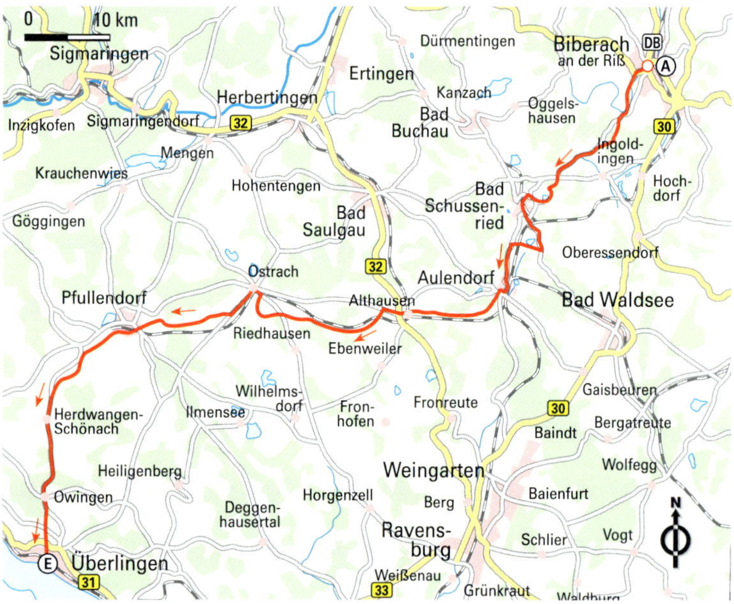

Rasant bergab In rasanter Fahrt geht es über den befestigten Landwirtschaftsweg nach Grodt, wo wir geradeaus weiter nach Muttensweiler und von dort aus nach Steinhausen radeln. Auf die Kirche von Steinhausen wurde bereits bei Tour 18 näher eingegangen, ich komme jedoch bei keiner Fahrt daran vorbei und wenn ich nicht hineinschaue, dann setze ich mich doch auf das Mäuerchen davor und halte etwas inne. Steinhausen verlassen wir in westlicher Richtung und wir überqueren die stark befahrene Kreisstraße (Vorsicht!), sind aber danach gleich wieder auf einem befestigten Landwirtschaftsweg. Dort geht es nun weiter, vorbei an kleinen Bauernhöfen und dem malerischen Olzreuter See zum oberschwäbischen Museumsdorf Kürnbach. Im Sommer sollte man dieses Museumsdorf unbedingt anschauen und sich auch länger dafür Zeit nehmen. Wir können auf je-

Im Altstadtquartier am Weberberg in Biberach

Oberschwäbisches Museumsdorf Kürnbach

Im Museumsdorf kann man über 30 historische Wohn- und Wirtschaftsgebäude aus dem oberschwäbischen Land betrachten. Für mich war es schon immer faszinierend, mit welchem Aufwand der Landkreis Biberach bauliche Schätze, die andernorts der Spitzhacke zum Opfer gefallen wären, höchst aufwendig an ihrem Ursprungsort abbaute und dann in Kürnbach wieder errichtete. Selbst ich erinnere mich noch an manches dieser Gebäude an seinem ursprünglichen Standort und es freut mich, wie es jetzt wieder aufgewertet wurde, um für die Nachwelt erhalten zu sein. Auch die vielfältigen Einblicke in die Lebensweise der Menschen in Oberschwaben zu früheren Zeiten sind sehr eindrucksvoll und lassen so manchen Betrachter im Umkehrschluss mit dem »ach so schlimmen« Komfort heutiger Tage wieder recht zufrieden sein.

Das Museum veranstaltet in regelmäßigen Zeitabständen themenbezogene Tage, an denen altes Handwerk wieder auflebt oder Maschinen mit Dampf betrieben werden. Für »große« und kleine Kinder gibt es auch eine dampfbetriebene Miniatureisenbahn.

Ladestation

Rad-Service-Zipfel, Ehinger-Tor-Str. 25, Biberach; Touristinfo, Wilhelm-Schussen-Str. 36, Bad Schussenried; Schwarzbierhaus Dicke Hilde, Ziegeleiweg 2, Bad Schussenried; Gästeinformation Aulendorf, Hauptstraße 35; Touristinfo, Kirchplatz 1, Pfullendorf

den Fall eine kleine Rast einlegen, bevor wir dann über Aulendorf weiter nach Altshausen radeln. In Aulendorf kommt nun der vorerst letzte Bahnhof mit regelmäßiger Zugverbindung, für den Fall, dass jemand die Tour abkürzen oder umgestalten möchte. In Altshausen, Ostrach und Pfullendorf werden die Bahnhöfe nur noch an Wochenenden und das auch teilweise nur im Sommer, angefahren – man sollte sich auf jeden Fall noch am Bahnhof Aulendorf erkundigen.

Von Altshausen aus wird es nun etwas hügeliger, aber für Stromradler ist das völlig unproblematisch. Wir fahren hier aus der Stadt hinaus und über Kreenried und Königseggwald in Richtung Ostrach. Wir kommen am Hosskircher Weiher vorbei, einer wunderschönen, bewirtschafteten Badestelle mit einer schönen Freibadanlage.
In Ostrach angekommen, fahren wir weiter über Spöck und Kalkreute nach Pfullendorf, der Heimatstadt weltberühmter Marken wie der ALNO-Küchen und der Firma GEBERIT.

Pfullendorf liegt direkt zwischen dem Donautal und dem Bodensee im sogenannten Linzgau. Die Stadt besitzt eine wunderschöne Altstadt mit hervorragend aufbereiteten Fachwerkfassaden. Nicht nur, wer an Fachwerkbauweise interessiert ist, kommt hier auf seine Kosten, sondern auch die Mitradler, die sich im Seepark Linzgau erholen können.

Unsere Tour führt uns nun weiter über Aach-Linz nach Herdwangen-Schönach, von wo aus gerade noch zwölf Kilometer Luftlinie zwischen uns und dem Bodensee liegen. Über kleine Landstraßen geht es weiter nach Owingen – auch eine Gemeinde, die man als Geheimtipp für einen Urlaub in der Bodenseeregion bezeichnen könnte. Von dort aus sind nämlich wunderschöne Fahrradtouren zum Bodensee, aber auch weitläufig ins »Landesinnere« möglich; die Gemeinde hat auf ihrer Website umfangreiche Touren zusammengestellt.
Nun ist es nicht mehr weit bis nach Überlingen, das wir in Sichtweite des Neuweihers von Osten her erreichen.

Schloss Altshausen

Zwar ist das Schloss Altshausen nicht zu besichtigen, der öffentliche Teil des Parks und die Kirche St. Michael mit der 2003 eingerichteten Kapelle, in der das vollständig erhaltene barocke Heilige Grab zu Altshausen aus dem Jahre 1763 aufgestellt ist, sind jedoch frei zugänglich.

Münster St. Nikolaus in Überlingen

Das Wahrzeichen der Stadt Überlingen ist die fünfschiffige Basilika St. Nikolaus mit ihrem prächtigen frühbarocken Hochaltar, welcher von dem in Überlingen tätigen Bildhauer Jörg Zürn geschaffen wurde.

An diesem Gotteshaus wurde 300 Jahre lang gebaut. Als es 1550 fertig war, hatte es zwar einen 66 Meter hohen Nordturm; der andere geplante Turm blieb jedoch unvollendet, trägt aber die 9 Tonnen schwere Glocke, die zu festlichen Anlässen geläutet wird.

Das größte Prachtstück des Gotteshauses ist die Kanzel, die im Jahr 1551 erbaut wurde. Der letzte bemerkenswerte Einbau in der Kirche war die große Nikolausorgel aus dem Jahr 1968.

Linke Seite: Münster St. Nikolaus in Überlingen am Bodensee

Überlingen ist zwar nicht das offizielle Ende dieser Etappe der Deutschen Fachwerkstraße, aber für uns als Fernradler eine gute Möglichkeit, mit der Eisenbahn wieder zurück zu unserem Tourbeginn zu gelangen.

Greth In anderen Städten heißen diese Lagerhäuser Kornhaus oder Schranne. In Überlingen wurde die Greth als Warenlager und als Handelshaus am Landungsplatz am Bodensee gebaut, um die dort gelagerte Ware auf Schiffe umladen zu können.
Das Haus wird heute nicht mehr zu solchen Zwecken genutzt; es ist mittlerweile ein Geschäftshaus mit Kino und Gastronomie. Es ist allerdings mit seiner auffallenden Optik noch immer ein sofort ins Auge stechender Bau an der Überlinger Schiffslände.
Überflüssig zu erwähnen, dass Überlingen natürlich nicht nur gestreift werden sollte. Man bezeichnet die Stadt auch als Riviera des Bodensees, und dies nicht ohne Grund!

Fahrradverleih und -service

Weidemann, Zum Degenhardt 29, 88662 Überlingen, Tel. 07551/948255, fahrradshop24.com; Fahrradprofis Biberach, Kolpingstr. 12, 88400 Biberach, Tel. 07351/21474, fahrradprofis.de

Die Altstadt selbst sollte man am besten zu Fuß erkunden, und wer sich nicht dazu entschließt, von Überlingen aus seine Rückreise anzutreten, kann noch den Abstecher nach Meersburg machen. Die Tour führt uns nun ausschließlich am Bodensee entlang, und wir kommen über Schloss Maurach, wo wir unbedingt nach links oben zur Klosterkirche Birnau abbiegen sollten. Weiter geht es über Seefelden nach Unteruhldingen, der Ortschaft mit den weltberühmten Pfahlbauten.

Nun ist es noch ein Katzensprung bis nach Meersburg, allerdings müssen wir uns den Weg mit dem motorisierten Verkehr teilen. Da wir aber die notwendige Vorsicht walten lassen, werden wir in Meersburg umso mehr für diesen etwas unattraktiven Teil der Etappe entschädigt.
Meersburg hat keinen Bahnanschluss; hier ist eine Weiterreise nur mit dem Schiff oder dem Linienbus möglich. Eine Reise mit dem Schiff rundet solch eine erlebnisreiche Tour jedoch wirklich ab. Schiffe, die von Meersburg abfahren, laufen die Häfen Überlingen, Konstanz und Friedrichshafen, Lindau, Bregenz an.

Auf dem Jakobsweg von Ulm nach Biberach

22

An Donau, Riß und Dürnach

Diese Tour ist vor allem für Pilger gedacht. Oberschwaben ist zwar touristisch eine noch wenig erschlossene Ecke, die Pilger auf ihrem Weg gen Süden sind aber schon lange hier durchgekommen. Da es viele klerikale Stätten gab, war auch die Möglichkeit einer Unterkunft und Verpflegung überall geboten. Die Tour orientiert sich nicht immer direkt am Jakobsweg, die Hauptorte stimmen jedoch überein.

Los geht's in Ulm Die Stadt Ulm wurde bereits vielfältig beschrieben, z. B. bei Tour 10, sodass ich hier nichts weiter hinzufügen möchte. Bei dieser Runde muss man automatisch einen Abstecher ins Fischerviertel machen, um die Donau zu erreichen, an der wir uns orientieren. Ulm hatte auch als Pilgerstation große

Metzgerturm in Ulm

Dieser Turm ist ein Teil der mittelalterlichen Stadtbefestigung an der Donau. Seinen Namen hat er, weil vor seinem Auslasstor zur Donau hin die frühere Stadtmetzgerei der Stadt Ulm angesiedelt war. Metzgereien und Gerbereien lagen in früherer Zeit sehr häufig an den Flussläufen, weil der Abfall so gleich in den Fluss entsorgt werden konnte.

Der 36 Meter hohe Turm ist um 2 Meter nach Nordwesten geneigt; die Ursache dafür ist eine Absenkung des Untergrunds.

Einer Ulmer Sage nach entstand diese Neigung jedoch auf andere Art. Die Ulmer Metzger verkauften ihre Ware zu teuer, und die Ulmer Hausfrauen gingen deshalb auf die Barrikaden und brachten den Vorgang vor den Bürgermeister. Der Bürgermeister bestellte die Metzger in den Turm ein und als er wutentbrannt ins Turmzimmer stürmte, drängten sich die dicken Metzger in einer Ecke zusammen, weshalb der Turm sich anscheinend neigte.

leicht | 60 km | 100 Hm | 7 Std.

Tourencharakter
Leichte Tour mit landschaftsüblichen Steigungen auf überwiegend asphaltierten Radwegen und Landstraßen

Ausgangspunkt
Ulm, Stadtmitte

Endpunkt
Biberach, Stadtmitte

Anfahrt
Bahn: ÖPNV ab Ulm/Biberach; Auto: Über die Autobahnen nach Ulm

Karte
Topografische Karte des Landesvermessungsamtes Baden-Württemberg 1:50 000

Einkehr
Gasthaus Hirsch, Erbach-Ersingen, Tel. 07305/41 60; Heggbacher Mühlencafé, Maselheim-Heggbach, Tel. 07351/587 57 57; Hofladen und Bewirtung Paula Weber, Biberach-Mettenberg, Tel. 07351/88 96

Information
Oberschwaben Tourismus, Bad Schussenried, Tel. 07583/33 10 60, tourismus-oberschwaben.de; biberach-tourismus.de

Fahrradverleih und -service
Radlbauer, Blaubeurer Str. 16, 89077 Ulm, Tel. 0731/17 68 00, thuerheimer.de; Radsport Reichel, Kolpingstr. 21, 88400 Biberach, Tel. 07351/92 00;

Bedeutung, weil die Stadt am Schnittpunkt vieler Handelswege liegt. Ganz klares Wahrzeichen der Stadt ist das Ulmer Münster mit seinem 161 Meter hohen Kirchturm, dem höchsten der Welt. Aber auch die Adlerbastei, von der damals Jakob Berblinger, auch als Schneider von Ulm bekannt, seinen unglücklichen Flugversuch startete, sollte man sich unbedingt anschauen. Dies kann man gemeinsam mit dem Metzgerturm und dem immer noch mittelalterlich aussehenden Gerberviertel machen.

Wir radeln entlang der Ortschaften Ulm-Gögglingen und Donaustetten nach Erbach, dessen Schlossberg mit Kirche und Schloss wir bereits schon kurz hinter Donaustetten erblicken können. In Erbach können wir uns an den Wegweisern des Jakobswegs orientieren und Schloss und Pfarrkirche besichtigen, die beide zu den aufgelisteten Bauwerken der oberschwäbischen Barockstraße gehören.

Von Erbach aus fahren wir auf dem Jakobsweg weiter über Donaurieden nach Oberdischingen, einer kleinen Ortschaft mit einer Hauptstraße, wie man sie in einem Ort dieser Größe nicht vermutet. Man glaubt sich beim Anblick dieses Ortes in vergangene Zeiten zurückversetzt. Übrigens gibt es in Oberdischingen eine wunderschöne Pilgerherberge, das Haus St. Jakobus, in dem genächtigt werden kann (Tel. 07305/91 95 75). Oberdischingen verlassen wir dann wieder in südlicher Richtung und überqueren kurz vor Ersingen die Donau. Wer bereits hier entspannen möchte, hat dazu beim Gasthaus Hirsch Gelegenheit. Man kann entweder als Hausgast oder als Nutzer des kleinen Campingplatzes Unterkunft finden. Der Hirschwirt betreibt auch eine Edelobstbrennerei, durchaus probierenswerte Erzeugnisse von guter Qualität. Wer die Tour allerdings unter geistlichen und nicht (hochgeistigen) Gesichtspunkten fortsetzen möchte, der sollte nun seinen

Ulmer Tor

Das Ulmer Tor entstand Mitte des 14. Jh. im Zuge der Stadterweiterung. Es ersetzte den früheren Bürgerturm, der zuvor als Stadttor diente. Im Tor wurde 1820 ein frei stehender Glockenstuhl errichtet, dessen Glocken dazu dienten, zum »Gausappell« zu läuten, also dem Eintreiben der Gänse, die dort vor der Stadt in den Auen des Flusses Riß frei herumliefen. Im oberschwäbischen Dialekt nennt man eine Gans »Gaus« – und die Mehrzahl davon sind »Geis«, wogegen die aus dem Hochdeutschen als »Geis« bekannte Ziege in Oberschwaben die »Gois« ist …

Auch der »weniger spektakuläre Teil« des Ulmer Münsters soll zur Geltung kommen.

Weg in Richtung Rißtissen fortsetzen. Das Schloss in Rißtissen befindet sich übrigens im Eigentum der Familie von Stauffenberg, aus der der Hitler-Attentäter Claus Schenk von Stauffenberg stammt. Das Schloss ist heute ein Veranstaltungsort und ein Hotel mit Sportanlagen; es wird nach wie vor von Mitgliedern der Familie von Stauffenberg betrieben. Von Rißtissen aus gelangt man weiter nach Untersulmetingen mit seiner Wallfahrtkirche Niederkirch, die bereits im 13. Jahrhundert errichtet wurde.

Unser Weg führt uns weiter nach Obersulmetingen mit seinem schönen Barockschloss und durch das Tal der Riß, vorbei an den großen Baggerseen des stillgelegten Rißkieswerks nach Schemmerberg. Dort halten wir uns nun kurz in Richtung Osten nach Baltringen und biegen nach den Sportanlagen nach rechts auf einen Weg durch das Baltringer Ried ab.

Abseits vom Jakobsweg Durch dieses Ried gelangen wir nach Äpfingen, einem Teilort der Gemeinde Maselheim. Wir Radler entfernen uns nun ein Stück vom Jakobsweg, was hier aber problemlos möglich ist, und radeln nach Sulmingen, einem weiteren

An der Donau bei Ulm-Gögglingen

Teilort der Gemeinde. Wenn man übrigens genau zum richtigen Zeitpunkt im Jahr kommt, dann kann man in dieser Gemeinde ein einzigartiges Dorffest erleben. Wir aber fahren in der Gemeinde zunächst am Lauf des Flüsschens Dürnach entlang und halten uns links. So gelangen wir nach einigen Minuten zur nicht weit entfernten Heggbacher Mühle, die als Ausflugsziel bekannt, aber dennoch nicht so sehr überlaufen ist. In der Mühle werden noch alle Gerichte selbst gemacht und egal, zu welcher Tageszeit man dort ankommt, man findet immer die richtige Mahlzeit und Erfrischung, sei es nun Kaffee und Kuchen oder ein Vesper. In der Mühle gibt es auch eine Lademöglichkeit für Akkus. Es ist aber besser, sein Ladegerät mitzuführen, da die vorhandenen Ladegeräte nicht allen Normen entsprechen.

Ladestation

Rad-Service-Zipfel, Ehinger-Tor-Str. 25, Biberach; Jehle Markt, Blaubeurer Str. 76, Ulm

Nun geht es gestärkt weiter ins Ortszentrum von Maselheim, das an der bekannten Museumsbahnstrecke des Öchsle-Zuges liegt. Der idyllische kleine Bahnhof von Maselheim war schon öfter Drehort für Filme mit bekannten Darstellern. So wurden dort auch Szenen eines Films über Margarethe Steiff mit der Hauptdarstellerin Heike Makatsch gedreht.
Auch diese Ortschaft verlassen wir wieder in südlicher Richtung und überqueren auf freiem Feld die Gleise der Bahn. Nun fahren

An der Ladestation des Mühlencafés

Links: Wehrbereich am Heggbacher Mühlencafé

wir bis zu der kleinen, wenig befahrenen Landstraße zum Weiler Zum Stein und weiter nach Ellmannsweiler. Auf diesem kleinen Abschnitt haben wir die einzigen nennenswerten Anstiege dieser Etappe zu bewältigen – ein Klacks für uns. Von Ellmannsweiler aus fahren wir nun nach Mettenberg, welches schon ein dörflicher Vorort der Kreisstadt Biberach ist.
Hier kann man innehalten und eine kleine Rast einlegen; beim Bauern Weber gibt es einen kleinen Hofladen, in dem man auch Produkte kosten kann. Der Bauernhof war übrigens im Jahr 2013 Schauplatz einer Sendung des Südwestfernsehens, in der süddeutsche Bäuerinnen ihre Kochkünste präsentierten.
Nach dieser Rast rollen wir durch einen im Tobel verlaufenden Radweg hinunter nach Biberach-Birkendorf und folgen der Radwegebeschilderung zur Stadtmitte. Nach Biberach hinein gelangen wir durch das Ulmer Tor, das letzte verbliebene Tor der ehemaligen Stadtbefestigung.

In Biberach findet man Quartiere und Gastronomie für jeden Geldbeutel; auch eine Jugendherberge bietet Übernachtungsmöglichkeiten. Die Jugendherberge befindet sich etwas außerhalb der Innenstadt, liegt dafür in unmittelbarer Nähe der städtischen Bäder, in denen man sich zum Ende der Tour erfrischen kann.

23 Auf dem Jakobsweg von Biberach nach Ravensburg

»Pilgerspeichen« statt Pilgerstab

leicht | 60 km | 100 Hm | 7 Std.

Tourencharakter
Landschaftsübliche Steigungen auf überwiegend asphaltierten Radwegen und Straßen

Ausgangspunkt
Biberach, Stadtmitte

Endpunkt
Ravensburg, Stadtmitte

Anfahrt
Bahn: ÖPNV/Zug ab Biberach, Bad Waldsee, Weingarten/Ravensburg; Auto: Über die Autobahn nach Ulm oder Memmingen und über die Bundesstraßen nach Biberach

Karte
Topografische Karte des Landesvermessungsamtes Baden-Württemberg 1:50000

Einkehr
Gasthaus Frohe Aussicht, Köpfingen, Tel. 0751/5699933; SCALA – Restaurant Café am See, Bad Waldsee, Tel. 07524/913200; Hotel Gasthof Bären, Weingarten, Tel. 0751/561200

Information
Oberschwaben Tourismus, Bad Schussenried, Tel. 07583/331060, oberschwaben-tourismus.de; Stadt Weingarten, weingarten-online.de; Bad Waldsee, bad-waldsee.de; Seite für Radpilger in Oberschwaben, hermanutz-online.de

Ladestation
Rad-Service-Zipfel, Ehinger-Tor-Str. 25, Biberach

Für den Grundgedanken des Pilgerns dürfte es unerheblich sein, ob man auf den Wegen zu Fuß oder mit dem Fahrrad unterwegs ist. Der Fahrradpilger hat eben keinen Stab, aber die gleiche innere Einstellung zur Hauptsache.

Weiter auf dem Jakobsweg Auch diese Tour beginnt im Stadtzentrum von Biberach an der Riß. Wir verlassen das Stadtgebiet wieder und orientieren uns dieses Mal an den Muschelsymbolen, die den Jakobsweg markieren. Unser Weg führt uns in westlicher Richtung vom Marktplatz weg und wir durchradeln das malerische Wolfental, eine wunderschöne Ouvertüre für unsere heutige Tour, die nun direkt an dem beschaulichen kleinen Bach

Die beiden Seen von Bad Waldsee

Wie in der Schweiz die Stadt Interlaken zwischen dem Thuner und dem Brienzer See liegt, so liegt das oberschwäbische Städtchen Bad Waldsee mit seinem Stadtzentrum auch zwischen zwei Seen, nämlich dem Stadtsee und dem Schlosssee.

Die Stadt hat die Aufteilung der Aktivitäten an den Seen wunderbar geregelt; der Stadtsee ist für die Menschen und der Schlosssee für die Natur. Am Stadtsee wurden Gastronomiebetriebe angesiedelt, während man sich am Schlosssee ausschließlich mit der Natur ein Stelldichein geben kann.

Auf dem Stadtsee ist Wassersport nur in beschränktem Umfang möglich; so gibt es einen Ruderverein und das Freibad der Stadt mit direktem Zugang. Der See ist lediglich 6,5 Meter tief, sodass er für Sporttaucher vermutlich keinen Anreiz darstellt – es sei denn, es kommt in Mode, dass man für diese Sportart Wanderwege markiert … Auf und im Schlosssee sind keinerlei wassersportliche Aktivitäten gestattet.

Ravensburger Turm

bis Reute führt. Hier macht Biberach der Bezeichnung »Wasserstadt« alle Ehre. Wir haben seit unserer Abfahrt nur Bäche gesehen, sind an einer wunderschön gestalteten Wasserspielanlage für die Kinder vorbeigeradelt und haben dann noch die Wolfentalmühle passiert.

Nun entfernen wir uns etwas von den Wasserläufen, weil wir uns in Reute links halten, während das Wasser von rechts auf den Ort zufließt. Am Ortsende fahren wir nun links weg nach Voggenreute und gelangen dort durch den Wald an einen kleinen Punkt, an dem Freunde des Jakobsweges ein Bänkchen aufgestellt haben. Dort befindet sich auch ein kleiner Altar, welcher zu einigen beschaulichen Minuten einlädt. Übrigens ist die Aussicht von diesem Platz aus an klaren Tagen hervorragend. Man sieht zur Rechten bis zum

Fahrradverleih und -service

see-bike Fahrräder, Weißenauer Straße 2, D-88214 Ravensburg, Tel. 0751/ 97715891, see-bike.de; Goelz Bikepalast, Claude-Dornier-Str. 1, 88339 Bad Waldsee, Tel. 07524/97312340, goelz-räder.de

Bussen, geradeaus erblickt man die schönste Dorfkirche der Welt in Steinhausen und links sieht man die Schweizer Alpenkette mit dem Säntis.

Wer tatsächlich einen Tag mit einer solchen Fernsicht erwischt hat, der sollte noch einen kleinen Umweg von 300 Metern machen und am Waldrand entlangradeln, bis er auf freies Feld kommt. Von dort aus kann man noch weit in das Rißtal und bis zu den Allgäuer Alpen schauen.

Wir fahren dann weiter und kommen über Grodt und Muttensweiler nach Steinhausen, das im Wanderführer des Jakobsweges ausführlich beschrieben ist. Wir sollten nicht unachtsam durch den Weiler durchschießen, sondern vielleicht noch einen Blick in die St.-Bartholomäus-Kapelle werfen. So ist man beim Weiterradeln schon auf den Blick vorbereitet, der sich einem nun bei der rasanten Fahrt hinunter nach Muttensweiler bietet. In Muttensweiler gibt es übrigens in einem kleinen Hofladen eine prima Möglichkeit zur Auffrischung des Reiseproviants.

Steinhausen mit seinen kleinen Gaststätten eignet sich aber auch schon für eine Mittagsrast, wenn es von der Uhrzeit passt. Weiter geht es dann von Steinhausen aus in Richtung Bad Schussenried, wo wir an der Kreuzung am Ortsende die notwendige Vorsicht walten lassen, weil dort starker Fahrzeugverkehr herrscht. Wir überqueren diese Kreuzung und befinden uns wieder auf einem kleinen asphaltierten Landwirtschaftsweg, der uns geradewegs nach Olzreute führt. Vorher kommen wir noch am kleinen Weiler Dunzenhausen vorbei, in dem man an bestimmten Tagen in einer Art von oberschwäbischer Besenwirtschaft Most und frisch gebackene »Denneda« zu sich nehmen kann, bevor man nach Olz-

Ravensburger Mehlsack

Der Ravensburger Mehlsack kann bestiegen werden und bietet einen Ausblick über die Stadt. Bei guter Sicht sogar bis zum Bodensee! Eintritt: 3,50 €, Juni bis September So 11–16 Uhr.

Denned oder Dinnete

Es handelt sich um eine Spezialität der schwäbisch-alemannischen Küche, die im weitesten Sinne mit dem Elsässer Flammkuchen und der italienischen Pizza verwandt ist. Je nach Region wird hier ein Teigboden mit regionalen Erzeugnissen, meistens mit Zwiebeln und Speck, aber auch mit Käse oder anderen Zutaten belegt und im Holzofen gebacken. Andere Ausdrücke für das Gepäck sind Dennete, Deie, Dinnede, Dinne, Dünne, Dünnele oder Dinnele.

reute hineinrollt. Dieser Ort wurde bereits bei Tour 1 und 18 beschrieben. Im Sommer gibt es kaum eine bessere Möglichkeit am Wegesrand, als sich hier mit einem Bad zu erfrischen und auf der Terrasse des Seehofs etwas für das leibliche Wohl zu tun. Von Olzreute aus geht es weiter über Hervetsweiler und Wattenweiler nach Winterstettendorf und Michelwinnaden.

Ravensburger Marienplatz

Ins »schwäbische Interlaken« Nun befinden wir uns bereits wieder im Landkreis Ravensburg und rollen auf den markierten Fahrradwegen nach Bad Waldsee, einem Höhepunkt dieser Etappe. Gerade im Sommer muss man hier unbedingt eine Weile für einen Aufenthalt einplanen und sei es, um nur auf einem Bänkchen am See mitten in der Stadt zu verweilen, in einem Gasthaus im Zentrum etwas zu essen oder einen Kaffee unten am See zu trinken. Wer etwas für die Brust- und Armmuskulatur tun möchte, kann sich im Sommer auch ein Ruderboot mieten und eine Runde auf dem See drehen. Aber auch sonst bietet die Stadt einiges an kulturellen und gastronomischen Programmpunkten. Wir halten uns an die markierten Wege, durchradeln den Baienfurter Forst und gelangen schließlich nach Köpfingen, einem kleinen Weiler oberhalb von Baienfurt und Weingarten. Auch in Köpfingen lauern zwei Geheimtipps, die sich wunderbar für eine Rast anbieten, einer davon eine urige Most-Besenwirtschaft. Danach geht es hinunter in die Metropole Oberschwabens. In Weingarten sollte man natürlich unbedingt in der Basilika eine kleine Andacht einlegen.

In die Stadt der Türme und Tore Von Weingarten aus ist es nicht mehr weit bis nach Ravensburg, der Stadt der Türme und Tore. »Die Türme sieht man gleich, Tore laufen aber auch genug rum …«, so formulierte es das leider inzwischen verstorbene schwäbische oder Ravensburger Original Manfred Hepperle augenzwinkernd. Das Wahrzeichen der Stadt ist der Mehlsack, wie der weiße, im Stadtbild dominierende Turm genannt wird. Über die Stadt ließe sich natürlich noch viel mehr schreiben; weltbekannt ist der Name der Stadt durch die gleichnamigen Spiele.

24 Von Laupheim nach Ulm, über Illerkirchberg zurück

Wielands Geburtsort und Wieland-Werke

leicht | 70 km | 100 Hm | 8 Std.

Tourencharakter
Landschaftsübliche Steigungen auf überwiegend asphaltierten Radwegen und verkehrsarmen Landstraßen

Ausgangs-/Endpunkt
Laupheim, Stadtmitte

Anfahrt
Bahn: ÖPNV/Zug ab Laupheim/Ulm, Bahnhöfe Illertal; Auto: Autobahn nach Ulm oder Memmingen und über die Bundesstraßen nach Laupheim

Karte
Topografische Karte des Landesvermessungsamtes Baden-Württemberg 1:50 000

Einkehr
Seeberger's Shop und Café, Ulm-Donautal, Tel. 0731/409 31 29 10; Zur Forelle, Ulm, Tel. 0731/639 24; Gasthof Zum Schützen, Laupheim, Tel. 07392/96 99 60

Information
Oberschwaben Tourismus, Bad Schussenried, Tel. 07583/33 10 60, oberschwaben-tourismus.de; Stadt Ulm, ulm.de; Landratsamt Alb-Donau-Kreis, alb-donau-kreis.de

Fahrradverleih und -service
Steiner, Rabenstr. 11, 88471 Laupheim, Tel. 07392/91 10 66, steiner-bikes.de; Rommel, Kapellenstr. 55, 88471 Laupheim, Tel. 07392/21 30, fahrrad-rommel.zegfachhaendler.de

Unsere Tour beginnt in der Stadtmitte von Laupheim, wohin wir direkt mit dem Zug fahren können. Seit einigen Jahren ist die Stadtmitte von Laupheim über den Bahnhof Laupheim-West wieder an das Nahverkehrssystem durch die Eisenbahn angeschlossen.

In diesem Zusammenhang sei der Nahverkehrsverbund DING erwähnt, der die Landkreise Biberach und Alb-Donau-Kreis nahverkehrsmäßig versorgt. Mit einer günstigen Tageskarte kann man hier mit Nahverkehrszügen und Linienbussen fahren. Die

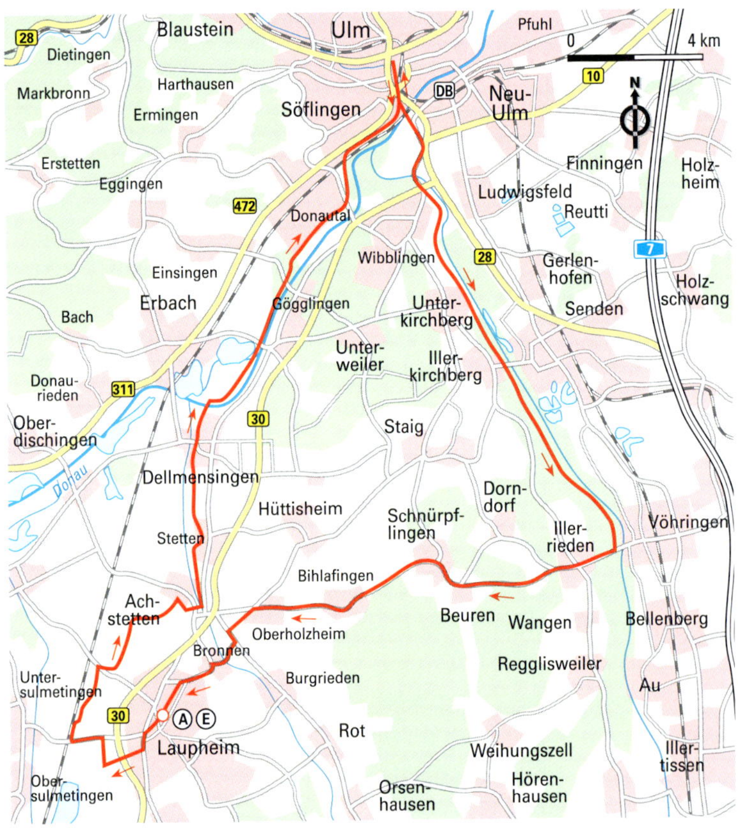

Tour kann in beide Richtungen gefahren werden; außer auf der Strecke zwischen Vöhringen und Laupheim kann auch beliebig mit der Bahn abgekürzt werden.

Rastmöglichkeit hinter dem Ulmer Rathaus

Ins Riß- und Donautal Laupheim liegt wie Biberach im Rißtal und war schon in früheren Zeiten eine wichtige Stadt für handelstreibende Kaufleute, die sich auf der Durchreise befanden. Dies war mit ein Grund, warum sich sehr frühzeitig eine jüdische Gemeinde bildete, zumal hier auch eine Ansiedelung ohne Ghettozwang möglich war. Mit der Zeit bildete sich in Laupheim eine der größten jüdischen Ansiedlungen innerhalb des Königreiches Württemberg. Aus der Stadt stammen so berühmte Leute wie Carl

Ladestation

Jehle Markt, Blaubeurer Str. 76, Ulm; Rathaus Laupheim, Marktplatz 1, Laupheim; Beim Löwensaal, Bischof-Uhlrich-Straße 24, Laupheim; Haupteingang Sporthalle, Bühler Steige 3, Laupheim

Laemmle, einer der Gründer der Filmmetropole Hollywood, und Gretel Bergmann, eine sehr berühmte Sportlerin, der im Nationalsozialismus die Teilnahme an den Olympischen Spielen verweigert wurde. Die Innenstadt von Laupheim wurde in den letzten Jahrzehnten sehr attraktiv gestaltet. Laupheim bietet einige Sehenswürdigkeiten. Sehr erwähnenswert ist das Museum im Schloss Großlaupheim, in dem die jüdische Vergangenheit der Stadt dokumentiert ist. Es gibt auch ein Planetarium von Weltruf und man sollte nicht versäumen, während eines Aufenthalts an einer Vorführung dort teilzunehmen.

Unsere Tour können wir, je nachdem an welchem Bahnhof wir ankommen, entweder vom Stadtbahnhof oder vom Bahnhof Laupheim-West aus beginnen. Wir radeln in nördlicher Richtung und erreichen die Ortschaft Achstetten, von wo aus wir einige Kilometer auf Radwegen entlang der Landstraße fahren, bis wir nach Donaustetten kommen.

Schloss Illerkirchberg

Carl Laemmle

Laemmle war einer der großen Pioniere des amerikanischen Filmgeschäfts. Er wurde in Laupheim als Sohn eines jüdischen Viehhändlers geboren und wanderte nach Amerika aus, wo er zunächst Geschäftsführer einer Textilfirma wurde. Später nutzte er den Boom und war innerhalb kurzer Zeit Besitzer von 50 Kinobetrieben, was seinen Reichtum begründete. Laemmle blieb seiner Heimatstadt zeitlebens verbunden, besuchte sie mehrmals und leistete großzügige Spenden.

In Ulm, um Ulm und um Ulm herum

So heißt ein regional bekannter Zungenbrecher und das ist auch die Positionsangabe für die nächsten Kilometer unserer Tour. Wir befinden uns jetzt bereits im erweiterten Stadtgebiet der Universitätsstadt Ulm. Wir fahren vorbei an ländlichen Vororten, entlang der Donau mit ihren Altwasserarmen, und passieren das Industriegebiet

Ulm-Donautal. Wir müssen hier kurz durch die Industrieansiedlung rollen, jedoch immer auf schönen, breiten Radwegen. Auch hier im Industriegebiet ist eine Rast möglich, und für Fahrradfahrer befindet sich dort sogar ein Automat mit Ersatzschläuchen, falls es einmal zum schlimmsten aller Fälle kommt. Wir wollen diesen Fall aber nicht annehmen und gehen lieber hinein in das Bistro der Firma Seeberger, das hier neu eröffnet hat. Die Firma ist bekannt für viele Kaffeesorten, aber auch für ihre Schokolade und andere Leckereien. Man kann sich im Werksverkauf hervorragend eindecken, bevor man sich auf den Weg zur Ulmer Innenstadt macht.

Über Ulm selbst könnte man ein ganzes Buch schreiben. Hier gehe ich nur kurz auf die Hauptsehenswürdigkeiten ein. Keinesfalls sollte man es versäumen, vom Radweg abzuweichen und durch das wunderschöne Fischerviertel hinauf auf den Münsterplatz zu radeln. Auf dem Weg sieht man, wie viele verschiedenartige Gastronomiebetriebe in der Ulmer Innenstadt locken; hier ist für jeden Geschmack etwas dabei: von der gutbürgerlichen Küche bis zu internationalen Spezialitäten. Ganz gut Trainierte sollten es sich nicht nehmen lassen, den Turm des Ulmer Münsters, bekanntermaßen der höchste Kirchturm der Welt, zu besteigen. Der Blick vom Münster herunter ist an schönen Tagen grandios, allerdings sollte man schwindelfrei sein. Wer das nicht ist, der kommt bereits beim Turmaufstieg an seine Grenzen, weil der Blick durch die gotischen Zinnen hindurch die Menschen auf dem Münsterplatz mit jedem Höhenmeter mehr den Ameisen gleichen lässt.

Ganz herrlich ist an warmen Sommertagen der Aufenthalt an der Donaubastei. Von Spöttern wird sie als Ulms Flugplatz in der Innenstadt bezeichnet, weil sich von hier aus der Schneider von Ulm in die Lüfte schwingen wollte. Von der bayerischen Fluss-

Schwörhaus/Weinhof

Der Weinhof mit dem Schwörhaus war vom 14. bis zum 19. Jh. wegen seines Weinmarkts ein bedeutender Handelsplatz. Jährlich am »Schwörmontag«, dem großen Ulmer Feiertag am vorletzten Julimontag, berichtet der Ulmer Oberbürgermeister vom Balkon des Schwörhauses über das vergangene Jahr und erneuert den historischen Eid auf die Stadtverfassung. Von dieser Tradition wurde nur in den Jahren unmittelbar nach dem 2. Weltkrieg abgewichen, als der Vater der hingerichteten Geschwister Scholl, Robert Scholl, Oberbürgermeister der Stadt war. Die Schwörrede wurde von den Nationalsozialisten auch zum Treueschwur auf den »Führer« missbraucht, weshalb Robert Scholl es nicht mit seinem Gewissen vereinbaren konnte, diesen Eid – auch ohne nationalsozialistischen Bezug – zu leisten. Heute ist im Schwörhaus das »Haus der Stadtgeschichte« beheimatet und es beherbergt dazu das Ulmer Stadtarchiv.

seite aus hat man einen wunderschönen Blick auf die Donaubastei und das Ulmer Münster.

Wir verlassen die Stadt wieder und begeben uns auf die bayerische Seite der Donau, indem wir den Fluss auf einer der Fußgänger- und Fahrradbrücken überqueren. Wir richten uns dann nach der Beschilderung des Iller-Radweges, den wir von nun an über eine längere Zeit nutzen. Wir gelangen wieder nach Ulm-Wiblingen mit seinem sehenswerten Kloster, das im Wesentlichen von Einrichtungen der Universität Ulm genutzt wird, und radeln am Fluss Iller entlang weiter in südlicher Richtung. Während des Sommers locken im Umkreis von Neu-Ulm einige Baggerseen zu einem erfrischenden Bad, was aber in einigen kleinen Nebengewässern der Iller direkt am Weg ebenso möglich ist. Wir gelangen nun zur Ortschaft Illerkirchberg, von wo aus wieder eine Brücke ins bayerische Senden führt.

Christoph Martin Wieland

Im evangelischen Pfarrhaus von Oberholzheim wurde am 5. September 1733 der Dichter und Schriftsteller Christoph Martin Wieland geboren. Im Haus gibt es ein kleines Gedenkzimmer mit Schreibtisch und Ausgaben von Wielands Werken.
Die Familie Wieland zog nach Biberach, von wo aus Wieland zunächst in die Schweiz ging. Nach seiner Rückkehr arbeitete er in Biberach als Stadtschreiber. Die kleinbürgerlichen Verhältnisse in Biberach bedrückten Christoph Martin Wieland. Aus dieser Stimmung heraus stammt wohl der Satz »Nicht Liebe und Geist, sondern Geld und Verstand herrschen in der Welt, ja wer mit den Idealen wirklich Ernst macht, ist sicher, elend zu werden«. Nur das Verlassen seiner Heimat brachte Wieland zu der ihm gebührenden Anerkennung, die auch dazu führte, dass Napoleon den berühmtesten deutschen Dichter der damaligen Zeit unbedingt sehen wollte. Er empfing ihn zu 1,5 Stunden Konversation im Stehen. Seine Vaterstadt erinnerte sich spät an ihn. Erst in jüngster Zeit erwachte wieder etwas Interesse.

Senden ist nicht unbedingt ein touristischer Höhepunkt, aber gut geeignet, wenn man eine Zwischenübernachtung einlegen möchte, weil die Stadt wegen ihrer Autobahnnähe über entsprechend viele Bettkapazitäten verfügt. Die Stadt selbst ist mehr oder weniger ein Trabant der Städte Ulm und Neu-Ulm, ist aber auch eines der größten Einkaufszentren im weiteren Umkreis. Im Industriegebiet im Nordteil der Stadt haben sich alle

Arten von Gewerbebetrieben angesiedelt, während sich im Südteil der Stadt die Sendener Baggerseen befinden, eine Art Naherholungsgebiet der Stadt. Wegen der vielen Einkaufsmöglichkeiten herrscht natürlich in der Stadt Senden eine erhöhte Verkehrsdichte, sodass Menschen, die eher die Ruhe auf dem Radweg entlang der Iller schätzen, ihre Fahrt fortsetzen sollten. Ab jetzt geht es durch beidseitig des Flusses verlaufende Wälder nach Vöhringen, einer kleinen Industriestadt, die wir aber nur am Rande streifen. Über die Brücke gelangen wir wieder hinüber nach Baden-Württemberg.

Vorbildliche Fahrradunterstellmöglichkeit in Ulm

Die erste Ortschaft in Baden-Württemberg ist Illerrieden, das wir in westlicher Richtung durchqueren und über die Beurener Straße verlassen. Diese Straße führt uns durch das Waldgebiet der Holzstöcke nach Beuren und in den nächstgrößeren Ort Schnürpflingen. Nun gelangen wir nach einer kleinen Walddurchfahrt alsbald wieder in den Landkreis Biberach und radeln über Bihlafingen, Oberholzheim und Bronnen zurück nach Laupheim. In Oberholzheim befindet sich übrigens das Geburtshaus des berühmten deutschen Dichters und Schriftstellers Christoph Martin Wieland. Wie bereits geschrieben, verfügt Laupheim über eine wunderschöne Fußgängerzone mit Straßencafés, in denen sich so ein Tag hervorragend abschließen lässt.

25 Oberschwäbische Bädertour

Moorbäder und Thermen sprudeln und wärmen

leicht | 65 km | 60 Hm | 8 Std.

Tourencharakter
Kleine Steigungen, auch nicht asphaltierte, jedoch sehr gut befahrbare Feld- und Radwege

Ausgangspunkt
Bad Saulgau, Bahnhof

Endpunkt
Bad Wurzach, Stadtmitte

Anfahrt
Bahn: ÖPNV/Zug ab Bad Saulgau, Bad Schussenried, Aulendorf, Bad Waldsee;
Auto: Über die Autobahnen nach Ulm und die Bundesstraßen B 30 und B 312 nach Bad Saulgau

Karte
Topografische Karte des Landesvermessungsamtes Baden-Württemberg 1:50 000

Einkehr
Brauerei Ott, Bad Schussenried, schussenrieder.de; Gasthaus Sonne, Bad Waldsee/Reute, Tel. 07524/87 37; Gasthof Adler, Bad Wurzach, Tel. 07564/930 30

Information
Oberschwaben Tourismus, Bad Schussenried, Tel. 07583/33 10 60, oberschwaben-tourismus.de; Stadt Bad Saulgau, bad-saulgau.de; Bad Buchau, bad-buchau.de; Bad Schussenried, bad-schussenried.de; Bad Waldsee, bad-waldsee.de; Bad Wurzach, bad-wurzach.de; Stadt Aulendorf, aulendorf.de

Bei dieser Tour sollte man die Badehose nicht vergessen und es empfiehlt sich, die Tour selbstständig in mehrere Etappen aufzuteilen. Der Weg führt durch die wichtigsten oberschwäbischen Badeorte, von denen jeder einzelne für sich einen Geheimtipp darstellt.

Die oberschwäbischen Bäder waren ursprünglich Kurorte, mussten sich jedoch dem Zeitgeist anpassen, sich also auch touristisch öffnen. Ursprünglich hatten sich diese kleinen Orte auf Erkrankungen des Bewegungsapparates spezialisiert; beispielsweise wurden Gelenkbeschwerden mit Mooranwendungen behandelt. Mooranwendungen gerieten jedoch im Lauf der Jahre in die Kritik, da der Abbau des Moores ein intensiver Eingriff in die Natur war. Die Moorflächen wurden jahrzehntelang ausgebeutet, da das Moor auch als Brennstoff eine Rolle spielte. Inzwischen geht man aber verantwortungsvoller mit der Ressource Moor um und führt sie nach der Benutzung im Bäderbetrieb wieder unmittelbar über speziell angelegte Becken der Natur zu. Das

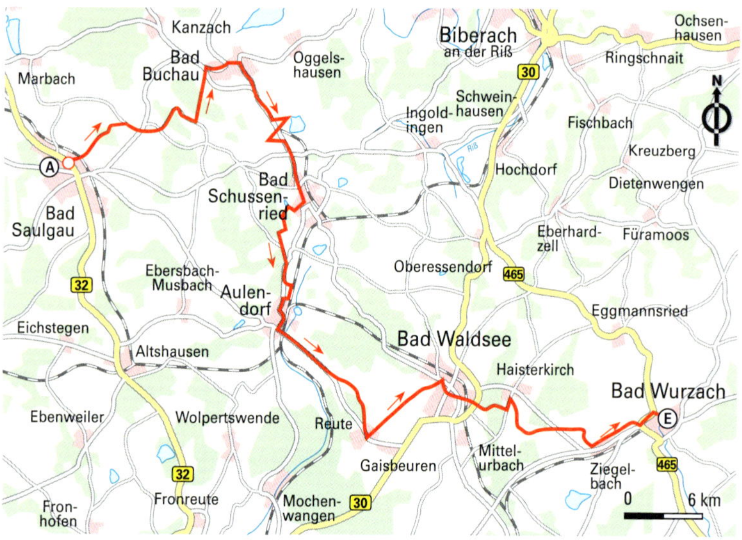

für die Bäder erforderliche Moor nehmen die Kurorte mittlerweile aus einem gemeinsamen Moorabbaugebiet, sodass in der Landschaft keine unnötigen »Wunden« mehr entstehen. Einige der oberschwäbischen Kurstädte begannen mit Bohrungen nach Thermalwasser und wurden auch fündig, weshalb die Städte Bad Saulgau, Bad Buchau, Aulendorf, Bad Waldsee und auch Bad Wurzach über sehr schöne Thermalbäder verfügen.

Das Buchauer Amtshaus in Bad Saulgau

Fahrradverleih und -service

Neudörffer, Hauptstraße 108, 88348 Bad Saulgau, Tel. 07581/ 8760, neudoerffer-shop.de; Rund ums Rad e.K., Hauptstraße 95, 88348 Bad Saulgau, Tel. 07581/ 2655, rur-rolf-schmid.de

Unsere Tour beginnt am Bahnhof von Bad Saulgau und wir verlassen das Stadtgebiet in östlicher Richtung. Wir kommen durch die Ortschaft Braunenweiler und fahren von dort auf beschilderten Radwegen und teilweise über ruhige Landstraßen weiter, biegen aber vor dem Ottobeurer Hof nach links ab und kommen über

Bad Saulgau

Bad Saulgau liegt an der Oberschwäbischen Barockstraße, der Deutschen Fachwerkstraße und der Schwäbischen Bäderstraße, weshalb man sich schon allein wegen dieser drei Begriffe keinerlei Sorgen machen muss, dass Langeweile aufkommen könnte. Die Stadt bietet ein großes Spektrum kultureller Veranstaltungen an. Liebhaber von Thermalbädern sollten unbedingt die Sonnenhof-Therme besuchen. Liebhabern der Fachwerkbauweise geht in der Innenstadt das Herz auf.

Federseemuseum Bad Buchau

Schon allein der Bauplatz des Museums charakterisiert es und bindet es sinnvoll in seine Umgebung ein.

Das Museum ist ein Flachbau auf Stelzen und wird umgeben von einem Freigelände mit zwölf stein- und bronzezeitlichen Häusern. Auf dem Freigelände finden auch themenbezogene Theaterveranstaltungen statt; für Kinder gibt es dabei spezielle Mitmachprogramme. Vom Museum aus kann man auf einem Lehrpfad die Siedlungen im südlichen Ried erwandern. Viele Informationstafeln und Teilrekonstruktionen von Gebäuden vermitteln allerhand Wissenswertes zur Geschichte des Federsees.

Kappel nach Bad Buchau. Bad Buchau war aufgrund seiner Lage im Federseeried das Moorbad schlechthin und begann dann früh mit dem Bau eines Thermalbads. Bad Buchau allein ist schon einen Aufenthalt wert, weil sich die Stadt dem Naturschutz verschrieben hat und über das dortige Naturschutzzentrum zahlreiche Führungen und Informationsveranstaltungen rund um das Federseeried angeboten werden. Über den Federseesteg kann man durch den Riedgürtel hinaus zur offenen Wasserfläche des Federseerieds gelangen, wo sogar Bootsfahrten möglich sind. Von Bad Buchau aus fährt man weiter entlang der Straße nach Bad Schussenried. Der Radweg ist unbefestigt, für Pedelecs mit dickeren Reifen aber sehr gut befahrbar. Wer hier eine kleine Rast einlegen möchte, der sollte unbedingt nach rechts zur Ailinger Mühle abbiegen.

Über Sattenbeuren gelangt man nun nach Bad Schussenried hinein; zuvor passiert man noch den Teilort Roppertsweiler, wo sich die Quelle der Schussen befindet. Auch Bad Schussenried verfügt über ein breit gefächertes touristisches Angebot und ist eine wichtige Etappe der oberschwäbischen Barockstraße. Die Stadt hat ihren traditionsreichen Weg als Moorbad nicht intensiv weiterverfolgt, bietet aber ein sehr vielfältiges Angebot an »Ausweich-Attraktionen«, wie z. B. Bierkrugmuseum, Kutschenmuseum und Badeseen.

Wir verlassen nun Bad Schussenried in westlicher Richtung, durchqueren den Ort Otterswang und fahren entlang der Bahn-

Rechte Seite: Sennerstüble bei Bad Wurzach/Gospoldshofen

Sennerstüble

linie weiter nach Aulendorf. Aulendorf war in früherer Zeit kein Kurort, sondern ein bedeutender Eisenbahnknotenpunkt, von dem aus Passagiere der Eisenbahnen ins Allgäu oder weiter ins westliche Oberschwaben Richtung Donautal reisen konnten. Mit der Automobilisierung verlor Aulendorf diesen Stellenwert etwas, da auch die Bahnreisenden weniger wurden. Die Stadt ist jedoch immer noch ein wichtiger Ort für die Bahn und besitzt mittlerweile als Attraktion ein Thermalbad mit zu öffnendem Dach. Die Stadt selbst bietet einige Sehenswürdigkeiten und eignet sich vorzüglich als Basisstation für Fahrradurlaube, zumal man mit dem Zug in alle Richtungen kommt.

Zu einem der berühmtesten Bahnhöfe Deutschlands Aulendorf verlassen wir in südlicher Richtung und gelangen zum kleinen Weiler Geiger-Röschen, wo wir nach links hinunter ins Schussental zum weltberühmten Bahnhof Durlesbach abbiegen. Der Bahnhof liegt sehr malerisch mitten im Tal, Züge halten dort jedoch nicht mehr. Eine wunderschöne Großplastik der schwäbischen Eisenbahn mit vielen Grill- und Raststellen befindet sich noch dort. An Sonn- und Feiertagen ist der Bahnhof, der sich mittlerweile in Privatbesitz befindet, auch bewirtschaftet. Wer jedoch an Werktagen dort vorbeikommt, wird in seiner Ruhe nur durch die durchfahrenden Züge der Südbahn gestört und braucht wegen der fehlenden Bewirtung nicht zu verzagen, weil die Ortschaft Reute, ein Teilort der nächsten Kurstadt Bad Waldsee, nicht weit weg ist. Um die Ortschaft zu erreichen, hat man einen der knackigsten Anstiege dieser Tour zu absolvieren – für Stromradler jedoch ein Klacks.

Wenn man den Anstieg erklommen hat, befindet man sich in unmittelbarer Nachbarschaft von Kloster Reute, einem Mutterhaus des Franziskanerinnenordens. Auch dieses Kloster lädt ein, auf verschiedene Arten eine Auszeit vom Stress des täg-

Ailinger Mühle

Die Mühle selbst findet schon seit dem 9. Jh. als Reichenbacher Mühle Erwähnung. Im 19. Jh. erwarb die Familie Ailinger die Mühle und nannte sie deshalb auch Ailinger Mühle. Über die ganze Zeit wurde der Mühlenbetrieb aufrechterhalten, wenn auch nicht mehr mit Wasserkraft.

Da den Menschen heute die Wichtigkeit einer Mühle nicht mehr so bewusst ist wie früher, machten die Mühlenbesitzer eine Erlebnismühle daraus. Nun können direkt in der Mühle deren Produkte erworben werden, es gibt eine Gastronomie und Räumlichkeiten der Mühle können für Festivitäten angemietet werden. Wer die Produkte aus der Mühlenbrennerei ausgiebig probieren möchte, der kann sich in der Mühle auch einquartieren.

lichen Lebens zu nehmen; es gibt dafür sogar ein Auszeithaus. Das Kloster bietet in einem Laden seine auf biologischer Basis angebauten Gewürzkräuter und Tees an – eine besonders originelle Teemischung ist der »Sauwetter-Tee«. Außerhalb der Klostermauern besteht in Gaststätten die Möglichkeit zur Einkehr, sofern man sich nicht in der Klostermetzgerei ein Vesper mitgenommen hat und sich irgendwo in der Natur niederlässt. Wir kommen nun auf schnurgerader Strecke hinein nach Bad Waldsee, der meiner Meinung nach attraktivsten oberschwäbischen Bäderstadt. Bad Waldsee ist prädestiniert für einen längeren Aufenthalt, weil es sehr viele touristische Angebote gibt. Die Stadt befindet sich z. B. an der oberschwäbischen Barockstraße. Als neueste Attraktion ist das Firmenmuseum der weltberühmten Firma Hymer zu besichtigen. Während des Sommers ist ein Besuch des Freibades zu empfehlen.

Ladestation

Parkhaus Lindenstraße, Bad Saulgau; öffentlich zugängliche Ladestationen auf dem Marktplatz Bad Buchau; Bad Buchau Touristinfo, Wilhelm-Schussen-Str. 36, Bad Schussenried; Schwarzbierhaus Dicke Hilde, Ziegeleiweg 2, Bad Schussenried; Gästeinformation Aulendorf, Hauptstraße 35; Bad Wurzach Info, Rosengarten 1

Ins Haistergau Unsere Tour führt uns nun in östlicher Richtung weiter und wir erreichen den Ortsrand von Haisterkirch, wo wir uns weiter über Ehrensberg nach Haidgau bewegen. Von Haidgau aus ist es nur noch ein Katzensprung nach Bad Wurzach, dem Endpunkt dieser Tour. Bad Wurzach verfügt über eine komplett andere Ausstrahlung als Bad Waldsee, auch wenn die beiden Städtchen nur einige Kilometer voneinander entfernt sind. Bad Wurzach hat jedoch frühzeitig auf Ökotourismus gesetzt. Deshalb stehen sehr viele von der Stadt angebotene Veranstaltungen in Verbindung mit dem Wurzacher Ried. Das Wurzacher Ried ist eines der größten europäischen Hochmoore, wo in früherer Zeit Torf als Brennstoff, z. B. für Stuttgart, abgebaut wurde. Torf war auch in der Moortherapie sehr wichtig, deren Hauptsäule ein Wannenbad im Moor bildet. Durch so ein Bad wird eine Art künstliches Fieber erzeugt. Bad Wurzach hat sich im Laufe der letzten Jahre ein kleines, aber sehr feines Thermalbad namens Vitalium gebaut. Dieses Bad wurde extra etwas kleiner gestaltet und nicht mit allen Attributen eines Spaßbades versehen. Das angeschlossene Moorsanatorium kann nicht nur von Kurgästen besucht werden.

26 Öchsle-Radweg – von Warthausen nach Ochsenhausen

Entlang der Museumsbahnstrecke

mittel | 50 km | 100 Hm | 6 Std.

Tourencharakter
Mittelschwere Tour mit landschaftsüblichen Steigungen auf überwiegend asphaltierten Radwegen und kleinen Landstraßen

Ausgangs-/Endpunkt
Biberach, Stadtmitte

Anfahrt
Bahn: ÖPNV/Zug ab Biberach. An Betriebstagen auch Fahrt mit der Öchsle-Bahn; Auto: Über die Autobahn nach Ulm oder Memmingen und über die Bundesstraßen nach Biberach

Karte
Topografische Karte des Landesvermessungsamtes Baden-Württemberg 1:50 000

Einkehr
Heggbacher Mühlencafé, Heggbach, Tel. 07351/ 58 75 75 7; Gasthof Adler, Ochsenhausen, Tel. 07352/ 921 40; Bräuhaus, Ummendorf, Tel. 07351/444 30; Café Weichhardt, Biberach, Tel. 07351/82 89 25

Information
Oberschwaben Tourismus, Bad Schussenried, Tel. 07583/ 33 10 60, oberschwaben-tourismus.de; Jordanbad Biberach, jordanbad.com; tierhof-mittelbuch.de; oechsle-bahn.de

Auch diese Tour lassen wir wieder im Stadtgebiet von Biberach an der Riß beginnen. Eigentlich sollte sie erst im nächsten Ort in nördlicher Richtung, in Warthausen, starten, da sich dort einer der Bahnhöfe der Museumsbahn Öchsle befindet. Wer es ganz genau nimmt, hat die Möglichkeit, sein Fahrrad am Bahnhof Biberach in einen Nahverkehrszug zu laden und die fünf Kilometer nach Warthausen so zurückzulegen.

Nach Warthausen Wir aber verlassen das Stadtgebiet von Biberach und radeln in nördlicher Richtung und folgen den Radwegweisern nach Warthausen. In Warthausen hat die Museumsbahn Öchsle am dortigen Bahnhof ihren Zustieg. Die Bahn war früher

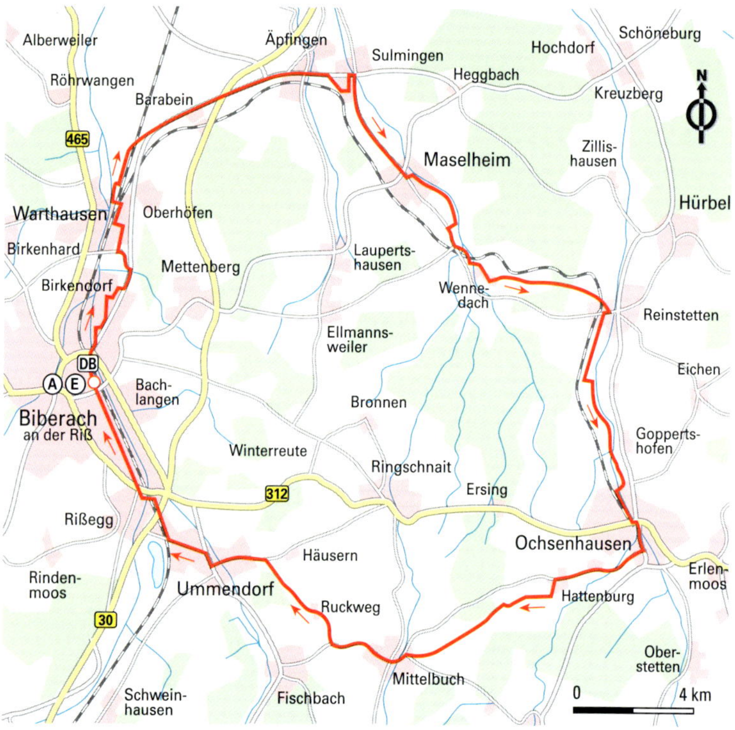

ein Hauptverkehrsmittel in der Verbindung von Biberach nach Ochsenhausen. In den Sechzigerjahren des vorigen Jahrhunderts wurde der Bahnverkehr dann eingestellt und die Bahn noch zeitweise als Industriegleis genutzt, bevor engagierte Leute eine Museumsbahn daraus machten. Die Bahn ist sehr attraktiv; man kann sie zur Feier von Festen und sogar für die Hochzeit buchen. Für Fahrradfahrer hat die Bahn einen großen Vorteil: Sie führt Fahrradtransportwagen mit und so lässt sich die Länge eines Fahrradausflugs beliebig variieren. Radler können aber auch an den Gleisen entlang von Warthausen aus nach Ochsenhausen radeln.

Herrliche Radwege an der Museumsbahnstrecke des »Öchsle«, hier kurz vor Ochsenhausen

Übrigens befindet sich am Bahnhof von Warthausen auch das »Knopf und Knopf-Museum«; meines Wissens das einzige Museum weltweit, das ausschließlich Knöpfe ausstellt. Zum Museum gehört ein Hotel, das seine Zimmer bestimmten Themenbereichen gewidmet hat – man kann z. B. in einem römischen Zimmer wie Julius Cäsar übernachten. Natürlich gibt es beim Museum auch ein Restaurant, sodass fürs leibliche Wohl gesorgt ist. Wir verlassen nun Wart-

Ladestation

Rad-Service-Zipfel, Ehinger-Tor-Str. 25, Biberach; Bräuhaus Ummendorf, Bachstraße 10; Hotel Gasthof Gaum, Bahnhofstraße 7, Ummendorf; Gasthof Hotel Linde, Biberacher Straße 13, Ummendorf

hausen, indem wir uns am gut ausgeschilderten Öchsle-Radweg orientieren. Zunächst erreichen wir die kleine Ortschaft Herrlishöfen und müssen noch etwas an der viel befahrenen Bundesstraße entlangradeln, bevor wir durch den Weiler Barabein wieder direkt an den Gleiskörper der Öchsle-Bahn kommen.

Von Barabein aus radeln wir auf einem Weg direkt am Gleis nach Äpfingen und weiter in den Teilort Sulmingen. Der Ort Sulmingen ist bekannt für sein jährlich stattfindendes Dorffest. Wer es einrichten kann, sollte seine Radtour auf diesen Tag verlegen. Das Fest ist einzigartig und wird von allen Vereinen des Dorfes gestaltet. So gibt es allerlei oberschwäbische Spezialitäten, es werden Tänze aufgeführt und das frühe bäuerliche Leben präsentiert. Wer außerhalb des Festes durch die Ortschaft kommt, kann noch links abbiegen und einen kleinen Abstecher zum Mühlencafé von Heggbach machen. Übrigens auch ein Geheimtipp für Pedelec-Fahrer, weil man dort bei guter Verpflegung seine Akkus laden kann. Weiter geht es nach Maselheim, wo am Öchsle-Bahnhof schon öfter Szenen für Filme mit bekannten Schauspielern gedreht wurden.

In der Ortsmitte von Maselheim biegen wir links ab und folgen wieder der Beschilderung des Radwegs. Wir fahren nun auf einem beschaulichen kleinen Weg entlang der Dürnach und gelangen schließlich nach Wennedach. Hier befinden wir uns stets in Sichtweite, aber nicht mehr direkt an den Gleisen, fahren aber auf wunderbarem Weg hinüber nach Reinstetten.

Geheimtipp in Reinstetten ist übrigens eine bekannte Metzgerei, in der man einen Imbiss zu sich nehmen oder auch ein Vesper einkaufen kann. Wer es allerdings hungermäßig noch aushält, sollte weiterradeln; Ochsenhausen ist bereits in Sichtweite. Bis Ochsenhausen fahren wir wieder direkt an den Gleisen entlang,

Öchsle-Bahn

Wer sich eine Fahrt mit der Öchsle-Bahn nicht entgehen lassen will, kann entweder in Warthausen oder in Ochsenhausen zu- bzw. aussteigen. Fahrkarten gibt es direkt beim Schaffner im Zug.

Kloster Ochsenhausen

Das gut erhaltene, mächtige Kloster Ochsenhausen oberhalb des Rottumtals gehört zu den großen Klosteranlagen des Barocks in Oberschwaben. Die historische Orgel in der Klosterkirche von Ochsenhausen, das erste Werk des großen Joseph Gabler, zieht viele Musikliebhaber an, aber auch Sternwarte und Bibliothekssaal sind nicht minder interessant.

abseits der belebten Verkehrsstraßen. Wir passieren noch die kleine Ortschaft Goppertshofen und erreichen über den Ortsteil Goldbach die Stadt Ochsenhausen. Schon von Weitem fällt das imposante Kloster der Stadt auf, in dem sich heute die Landesmusikakademie befindet.

Wegweiser helfen immer …

Auch sonst hat die Stadt allerhand zu bieten, gastronomisch ist man auf jeden Fall gut aufgehoben. Wer in Ochsenhausen innehalten möchte, sollte das Fahrrad im Klosterareal abstellen und den Krummbach entlangwandern. Der Krummbach ist ein künstlich angelegtes Gewässer, das früher der Wasserversorgung des Benediktinerklosters diente. Das Gewässer war nicht nur zum Betrieb der Klostermühle gedacht, sondern man züchtete in ihm auch Fische, da in der Fastenzeit kein Fleisch gegessen werden durfte. In der Neuzeit wurde im Bereich des Krummbaches ein Erlebniswald geschaffen, in dem man ein Heckenlabyrinth erkunden oder Baum-Mikado spielen kann. Es gibt noch einen kleinen Aussichtsturm, von dem aus man einen schönen Blick über den Fürstenwald hat. Gerade an heißen Tagen ist es am Krummbach wunderschön, da man die Beine ab und zu ins Wasser hängen lassen kann.

Fahrradverleih und -service

bike & fun, Brühlstr. 42, 88416 Ochsenhausen, Tel. 07352/8257, bikeandfun-ochsenhausen.de; Mr.Speiche – Reck, Wielandstr. 8, 88400 Biberach, Tel. 07351/82395, misterspeiche.de

Nachdem wir den Öchsle-Radweg am Bahnhof von Ochsenhausen erfolgreich absolviert haben, fahren wir zum Ochsenhauser Stadtteil Hattenburg, wo wir nach links abbiegen und zum Segelflugplatz von Ochsenhausen kommen. Auf dieser Straße fahren wir weiter, kommen an einsam gelegenen Gehöften vorbei, bis wir die Verbindungsstraße zwischen Rottum und Mittelbuch erreichen. Diese Straße überqueren wir und fahren weiter auf den Wald zu. Irgendwann kommen wir zu einem Wegweiser, der uns zum »Tierhof Mittelbuch« führt.

Tiger in Oberschwaben Hier hat sich auf einem Aussiedlerhof der Tierliebhaber Roland Rohr einen lang gehegten Kindheitstraum erfüllt. Er hält exotische Tiere, die man auch besuchen kann. So mancher wird verwundert sein, mitten in der oberschwäbischen Landschaft bengalische Tiger und allerlei anderes Getier vorzufinden. In der warmen Jahreszeit kann man hier wunderschön verweilen und auch etwas trinken.

Wer sich an den Tigern und anderen Tieren sattgesehen hat, fährt weiter hinein in die Ortschaft Mittelbuch und hält sich dann ein Stück weit auf der Landstraße in Richtung Fischbach. Auf Höhe von Möselsberg biegt man nach rechts ab und fährt auf das große Windrad zu. In der Ortschaft Buschhorn hat man nun die Möglichkeit, entweder nach rechts zum Windrad abzubiegen und sich an der dort angebrachten Informationstafel zu informieren oder sich nach links in Richtung Rückweg zu halten.

Wenn man nach rechts, also in Richtung Windrad, fährt, hat man in der Höhenlage bei gutem Wetter eine grandiose Fernsicht über Biberach bis hinüber zum Bussen. Man fährt dann weiter, hinein in den kleinen Weiler Häusern, und biegt dort nach links ab, wo es über eine lange Gefällstrecke hinunter nach Ummendorf geht.

Wer in Buschhorn links abbiegt, kommt in etwa auf halber Höhe auf die Gefällstrecke nach Ummendorf, an deren Ende sich das Bräuhaus Ummendorf befindet. Das Bräuhaus in Ummendorf ist eine der wenigen in der Gegend verbliebenen Brauereien mit angeschlossener Gastronomie. Neben einem guten Essen und hervorragendem Bier wird hier auch ein Nachtquartier angeboten. Ummendorf ist eine lebhafte Gemeinde im Umlachtal, die sich in den letzten Jahrzehnten stets unaufhaltsam fortentwickelt hat. So unterhält die Gemeinde als große Attraktion ein Freibad an einem renaturierten Baggersee, außerdem kommen Freunde des Thermalbadens im nahe gelegenen Jordanbad auf ihre Kosten.

Von Ummendorf aus gelangt man auf gut ausgeschilderten Radwegen wieder zurück nach Biberach, dem Ausgangsort unserer Tour.

Jordanbad

Früher eine Stätte des Wirkens von Pfarrer Kneipp, wurde die Anlage lange Zeit als Kurort von Nonnen betrieben.

Mittlerweile wandelte sich der beschauliche Ort zu einem weltlichen Thermalbad mit vielbesuchter Hotelanlage.

Von Riedlingen nach Mengen

Kelten, Römer und viele Nudeln

27

Diese Tour haben wir zum Teil aus einer Broschüre des Naturschutzbundes in Riedlingen übernommen, natürlich mit Genehmigung. Der Naturschutzbund hat es sich zur Aufgabe gemacht, auf die Schönheiten im Bereich der oberschwäbischen Donau bei Riedlingen aufmerksam zu machen und uns immer wieder daran zu erinnern, was die Natur hier für Preziosen bereithält und dass wir verantwortungsvoll mit ihr umgehen sollen.

In einer Broschüre sind vier sogenannte Öko-Regio-Touren mit allen erforderlichen Informationen zusammengestellt und wir haben uns für die Westroute in einer modifizierten Form entschieden. Wer nicht weiß, was wir Schwaben mit »hudeln« meinen – in diesem Buch ist ausschließlich die unnötige Eile gemeint.

Unterwegs zu den Nudeln Unsere Tour beginnt in Riedlingen mit seiner wunderschönen historischen Altstadt. Sie führt uns dann weiter nach Andelfingen und über Langenenslingen zum Kloster Heiligkreuztal. Von dort aus fahren wir über Binzwan-

Schauts Nudelparadies

Aus einem der vielen landwirtschaftlichen Betriebe dieser Region entwickelte sich seit 1993 eine einzigartige Familienmanufaktur. Anfangs verarbeitete die Inhaberin in einer Garage die Eier ihrer Hühner zu Nudeln. Mit dem Erfolg wurde der Betrieb größer, sodass irgendwann der Schweinestall dran glauben musste und umgebaut wurde. Das Ergebnis lässt sich durchaus sehen, weil hier auch für das Auge etwas geboten wird. Es werden keine lieblos eingetüteten Nudeln verkauft, sondern das Produkt wird stilistisch passend präsentiert. Natürlich kann man auch andere Produkte wie Spirituosen aus der Region und diverse Tees kaufen.

mittel | 60 km | 100 Hm | 7 Std.

Tourencharakter
Landschaftsübliche Steigungen auf überwiegend asphaltierten Radwegen und ruhigen Straßen

Ausgangs-/Endpunkt
Riedlingen an der Donau, Stadtmitte

Anfahrt
Bahn: ÖPNV/Zug ab Riedlingen/Mengen; Auto: Über die Autobahn nach Ulm oder Memmingen und über die Bundesstraßen nach Riedlingen

Karte
Topografische Karte des Landesvermessungsamtes Baden-Württemberg 1:50000

Einkehr
Dorfstuben, Mengen-Ennetach, Tel. 07572/712995, Brauereigasthaus Adler, Hundersingen, Tel. 07586/378

Information
Oberschwaben Tourismus, Bad Schussenried, Tel. 07583/331060, oberschwaben-tourismus.de; Naturschutzbund Riedlingen, nabu-riedlingen.de

Fahrradverleih und -service
Radsport Günzel, Unterriedstr. 15, 88499 Riedlingen, Tel. 07371/927298, radsport-guenzel.de; Stimm Radlädle, Kastanienallee 23A, 88499 Riedlingen, Tel. 07371/13019; Otto Bacher, Mittlere Straße 33, 88512 Mengen, Tel. 07572/5696, zweiradcenter-bacher.de

gen zum Freilichtmuseum Heuneburg und hinüber nach Mengen und Ennetach. Den Rückweg nehmen wir an der Donau entlang und biegen in Hundersingen wieder nach rechts in Richtung Herbertingen ab. Von dort aus fahren wir nach Marbach und kommen schließlich an die Schwarzachtalseen, einem beliebten Wassersportparadies, aber auch ein Platz, an dem viel für den Naturschutz getan wurde.
Nun geht es weiter nach Ertingen, wir fahren auf die Höhe über dem Donautal und kommen über Erisdorf nach Neufra. Von dort aus können wir dann hinunter an die Donau rollen und wir kommen geradewegs wieder nach Riedlingen hinein. Zunächst fahren wir einmal aus der Riedlinger Altstadt hinaus und benutzen dazu einen Weg an der Donau, der an dem kleinen Flugplatz der Stadt vorbeiführt. Nun kommen wir in die Ortschaft Altheim, die am Fuß des Österbergs liegt. Im Dorf gibt es eine wunderschöne Kirche, in der auch ein spätgotisches Hungertuch besichtigt werden kann. Nun machen wir einen Schlenker in die Nachbargemeinde Langenenslingen, streifen aber nur deren Ortsteil Andelfingen. In Andelfingen gibt es eines dieser Musterbeispiele für die gekonnte Vermarktung hausproduzierter Spezialitäten. In diesem Fall geht es um eines der (nicht nur) schwäbischen Leib- und Magengerichte, nämlich die Nudeln. In diesen Hofladen sollten wir unbedingt einen Blick werfen, es lohnt sich. Wir fahren weiter und verlassen die Gemeinde bereits wieder, weil wir nach Heiligkreuztal abbiegen.

Römermuseum Mengen-Ennetach

Das Museum ist bereits mehrfach mit Preisen ausgezeichnet worden, weil es ein ideales Ausflugsziel für Alt und Jung ist. Wo früher ein römisches Kastell im 1. Jh. n. Chr. stand, wurde nun dieses Museum mit modernster Multimediatechnik eingerichtet. Es bietet Einblicke in das Leben der Römer, die damals diese Provinz bewohnten. Auch Originalfunde sind zu sehen, aber das Interessanteste dürften wohl Gegenstände zum Ausprobieren sein; durch gute Museumspädagogik ist der Museumsbesucher aktiv gefordert. Übrigens befindet sich im Erdgeschoss des Römermuseums ein Café, das Erlebnisgastronomie nach römischer Art bietet. Wer will, kann im »Café Domus« ein typisches römisches Essen mit mehreren Gängen bestellen.

Eindrucksvolle Klosteranlage Dort erwartet uns eine der eindrucksvollsten Klosteranlagen der Zisterzienserinnen in Südwestdeutschland mit ihrem prachtvollen Münster als Mittelpunkt. Zu diesem Münster werden jedes Jahr zwei Wallfahrten durchgeführt, die alte und die neue Wallfahrt. Anfragen dazu

Riedlinger Donauufer

Links: Tonfiguren in den Hängenden Gärten von Schloss Neufra

sind direkt im Kloster möglich (josefs-wallfahrt.de). Auch das Museum in der Bruderkirche sollte man besuchen. Dort werden über 50 sakrale Kunstwerke, also Gemälde, liturgische Gefäße und Gewänder, sowie diverse Skulpturen ausgestellt. Bei den Exponaten handelt es sich überwiegend um Werke von regionalen und oberschwäbischen Künstlern. Schwerpunkt dieser Ausstellung sind die im Kloster gefertigten Arbeiten aus unterschiedlichen Materialien, die als Träger für Reliquien gefertigt wurden. Die Ruhe dieses Klosterareals springt trotz des Besucherverkehrs wohltuend auf einen über, zumal es innerhalb der Klostermauern durchaus Bereiche gibt, an denen man sich allein niederlassen und entspannen kann. Außerhalb der Mauern findet man das Backdorf Häussler, das von Öfen über Teigverarbeitungsmaschinen sowohl für den privaten als auch für den professionellen Bereich alles im Angebot hat.

Von Heiligkreuztal aus radeln wir in südlicher Richtung aus dem Ort und kommen in ein Waldgebiet, wo wir so lange südwärts fahren, bis wir nach kurzer Zeit einen Radwegweiser nach Binzwangen sehen.

Zurück in die Keltenzeit Diesem folgen wir und passen auf, weil wir alsbald zum Freilichtmuseum Heuneburg abbiegen sollten. Wenn wir zu weit in die Ortschaft hineinrollen, dann kommen wir hinunter zur Donau – und wer hinunterkommt, muss halt

auch wieder hinauf … Wir müssen nicht lange auf der Höhe radeln, schon bald sind wir am Freilichtmuseum Heuneburg.
Weiter geht die Fahrt über Beuren und Blochingen nach Ennetach, einem Teil von Mengen, der auch gleichzeitig der Wendepunkt unserer Tour ist. Jetzt sollte man aber nicht glauben, dass man durch diese Ortschaft einfach so durchkommt; auch hier gibt es etwas zu sehen – und nicht zu knapp.
Wer noch nicht genug von Nudeln hat, der ist in Mengen richtig. Seit 80 Jahren wird hier die bekannte Nudelmarke Gaggli produziert. Die Eigentümer der Nudelfirma haben vor einigen Jahren ein Gaggli-Nudel-Haus eingerichtet. Hier kann man im Rahmen einer »gläsernen Produktion« den Werdegang einer Nudel vom Eieraufschlagen über das Formen des Teigs bis zur Verpackung der Ware beobachten. Mengen liegt auch an der alten Hauptverbindungsstrecke der Postkutschen. Hier befindet sich die Thurn und Taxis'sche Posthalterei, wo in früherer Zeit die Pferde der Kutschen gewechselt und Post auf- und umgeladen wurde. Die Stadt Mengen hat in der Alten Posthalterei ihr Stadtmuseum eingerichtet. Von Mengen aus fahren wir nach Osten, kommen am Flugplatz vorbei, radeln weiter nach Herbertingen, vorbei am Ortsteil Marbach zu einigen Baggerseen.
Von den Seen radeln wir über Ertingen und Erisdorf nach Neufra, wo wir noch das Schloss mit seinen Hängegärten besichtigen können, bevor es hinunter zur Donau und an ihr entlang wieder zurück nach Riedlingen geht.

Schloss Neufra mit kleinstem Schlosshotel der Welt

Schwarzachtalseen

In Oberschwaben gibt es in den Flusstälern umfangreiche Kiesaufkommen, so auch im Schwarzachtal zwischen Ertingen und Marbach. Durch den Nassabbau mit Schwimmbaggern entstanden große Wasserflächen, die im Zuge ihrer Renaturierung auch für Freizeitaktivitäten genutzt wurden. Die Gemeinden Ertingen und Herbertingen haben zusammen die Freizeitanlage Schwarzachtalseen gebaut; hier kann man baden, zelten, surfen und auch fischen – oder einfach nichts tun.

Linke Seite: Man hätte auch fahren dürfen, aber die Architektin war vom Bauwerk so fasziniert …

28 Von Ravensburg über Mailand nach Leutkirch

Viehweide statt Catwalk

Diese Tour befindet sich vollständig im Landkreis Ravensburg, weshalb man sich im Gebiet eines einzigen Nahverkehrsverbunds, nämlich BODO, befindet. BODO bietet auch günstige Gruppentagestarife an, was als Tipp für die Rückreise gelten soll.

Der Abfahrtsort für diese Tour ist der Marienplatz in der Stadtmitte von Ravensburg. Wir radeln gemäß der Radwegweiser von Ravensburg nach Weingarten. Die als »Schwäbischer Petersdom« bezeichnete Basilika wurde bereits bei Tour 23 beschrieben; es lohnt sich aber immer, ihr einen Besuch abzustatten, wenn man in Weingarten ist. In der Basilika wird die Heilig-Blut-Reliquie aufbewahrt, die jedes Jahr im Rahmen der größten Reiterprozession Europas durch Felder und Wiesen getragen wird.

Von Weingarten aus fahren wir auf landwirtschaftlichen Wegen nach Erbisreute, wo wir kurz vor dem Ortsbeginn noch den Stillen Bach sehen, mit dem das Kloster Weingarten mit Wasser versorgt wurde. Wir fahren durch den Ort und halten uns weiter in Sichtweite des Stillen Bachs, bis wir nach Fuchsenloch gelangen. Hinter dem Weiler biegen wir links in den Wald ab und gelangen

mittel | 55 km | 100 Hm | 7 Std.

Tourencharakter
Mittelschwere Tour mit landschaftsüblichen Steigungen auf überwiegend asphaltierten Radwegen und ruhigen Landstraßen

Ausgangspunkt
Ravensburg, Marienplatz

Endpunkt
Leutkirch, Stadtmitte

Anfahrt
Bahn: Mit der Südbahn gute Anbindung aus Richtung Ulm und Bodensee; Auto: Über die Autobahn nach Ulm oder Memmingen und über die Bundesstraßen nach Ravensburg

Karte
Topografische Karte des Landesvermessungsamtes Baden-Württemberg 1:50 000

Einkehr
Humpis, Ravensburg, Tel. 0751/35459891; Käserei Vogler, Gospoldshofen, Tel. 07564/3583; Brauereigasthof Mohren, Leutkirch, Tel. 07561/98570

Information
Oberschwaben Tourismus, Bad Schussenried, Tel. 07583/331060, oberschwaben-tourismus.de

Fahrradverleih und -service
Zweiradhaus Amann, Goldgasse 2, 88212 Ravensburg, Tel. 0751/25341, amann-fahrrad.de; Blaser GbR Fahrradfachhandel, Landhausstraße 1, 88299 Leutkirch im Allgäu, Tel. 07561/9151775

»Mehlsack« heißt der Turm, der auch das Wahrzeichen von Ravensburg ist.

ein wenig später nach Wassers, das bereits zur Gemeinde Wolfegg gehört. Wir fahren gar nicht nach Wolfegg hinauf, sondern biegen in Wassers links ab und folgen dem Lauf der Wolfegger Aach nach Alttann. Von Alttann aus radeln wir in Richtung Gaishaus und biegen kurz vor dieser Ortschaft nach rechts in den Wald ab, den wir durchradeln. Unterhalb der Ortschaft Weitprechts stoßen wir auf eine kleine Einmündung. Hier haben wir zwei Möglichkeiten, die Weiterfahrt nach Bad Wurzach zu gestalten. Wenn wir nach rechts fahren, gelangen wir durch die Ortschaft nach Eintürnen und ins malerische Eintürnenberg. Hinter Weitprechts und Eintürnen erstreckt sich übrigens eine wunderschöne Seenplatte, die sich

Ladestation

Bauernhaus-Museum Allgäu-Oberschwaben Wolfegg, Vogter Straße 4, Wolfegg; Bad Wurzach Info, Rosengarten 1; Veloce – der Radladen, Brühlstraße 16, Leutkirch; Allgäu Bike Sports, Poststraße 5, Leutkirch; Bahnhof Leutkirch; Radsport Geser, Bahnhof 5, Leutkirch

bis oberhalb von Kißlegg hinzieht. Wenn wir nach links abbiegen und dem kleinen Landwirtschaftsweg folgen, kommen wir nach Rohrbach am Rohrsee. Wir fahren weiter über Ziegelbach hinein nach Bad Wurzach, wo man im Kurhaus die erste große Rast einlegen könnte. Weiter geht es aus Bad Wurzach hinaus und am Gottesberg vorbei nach Gospoldshofen. Wenn das Stromross lahmt, weil der Akku schwach ist, dann kann an der Ladestation der Schaukäserei in Gospoldshofen nachgeladen werden – allerdings sollte man auch eine Pause einlegen, was aber gar nicht schwerfällt. Das Laden ist hier durchaus erforderlich, weil auf der jetzt kommenden Steilstrecke nach Gospoldshofen-Berg und Starkenhofen der Akku ganz schön gefordert wird.
Dafür wird man auf dem Aussichtspunkt Wachbühl bei gutem Wetter mit einer wunderschönen Aussicht belohnt, bevor man sich dann auf den Weg in Richtung Schloss Zeil macht. Man kann sich auch in Gospoldshofen mit Proviant eindecken und dann bei herrlicher Aussicht auf dem Wachbühl eine gemütliche Vesperpause einlegen.

Der Heilig-Blut-Ritt am Blutfreitag

Es ist nachgewiesen, dass seit dem Jahr 1529 immer am Freitag nach dem Feiertag Christi Himmelfahrt in Weingarten der Blutritt stattfindet. Dieser Ritt ist für die 2500 teilnehmenden Reiter aus ganz Oberschwaben einer der Höhepunkte im kirchlichen Jahr. Die ganz traditionell teilnehmenden Reiter kommen von ihren Heimatorten zur Prozession geritten und übernachten deshalb in Scheunen bei Bauern in der Umgebung von Weingarten. Da die Luft in den Scheunen in der Regel sehr trocken ist, nehmen die Reiter gerne etwas mehr Flüssigkeit zu sich, um zu vermeiden, dass sie aufgrund einer Austrocknung nicht an der Prozession teilnehmen können …
Zur Prozession tragen die Reiter einen schwarzen Gehrock und Zylinder, beten den Rosenkranz und singen feierliche Lieder. Die Reliquie wird von einem reitenden Prälaten getragen; selbst die Messdiener reiten auf Ponys. Die Prozession wird von Musikkapellen begleitet. Es wird mehrfach angehalten, weil der Prälat den Segen spendet. Üblicherweise dauert die Prozession ca. 4 Stunden; die mitgeführte Reliquie ist der Legende nach ein Blutstropfen von Jesus Christus. Er wurde von der Gemahlin eines Welfenherzogs um das Jahr 1000 dem Kloster in Weingarten gestiftet. Die Tradition entwickelte sich eigentlich aus einem Inspektionsgang, den die Grundbesitzer am Ende eines Winters über ihre Felder machten. Mit der Zeit schlossen sich immer mehr Bauern diesem Gang an und beteten um gutes Wetter und eine reiche Ernte, weshalb sich dieser Brauch irgendwann zu einem kirchlichen Ritual, nämlich dieser berühmten Prozession, entwickelte.

Wir fahren über Lampertsried zur Verbindungsstraße zwischen Schloss Zeil und Seibranz und überqueren diese bei Sebastianssaul. Wir biegen dann nach links in den Wald ab, weil es sich auf den ruhigen Waldwegen wunderschön und viel sicherer fahren lässt. Über die St.-Josefs-Kapelle gelangen wir nach Schloss Zeil, wo man unbedingt den Park besichtigen sollte. Nun geht es in schneller Fahrt über die Serpentinen hinunter nach Unterzeil, wo man so manches interessante Fluggerät vom Flugplatz Unterzeil aus starten und landen sieht. An diesem Flugplatz findet auch die Ausbildung von Fallschirmspringern statt und die bunten Schirme am blauen Sommerhimmel geben ein faszinierendes Bild.

Wer jetzt gedacht hat, in eine Ortschaft zu gelangen, die entfernt etwas mit ihrer großen italienischen Schwester zu tun hat, der hat sich geirrt. Hier gibt es keinen Catwalk. Hier ist liebenswertes Vorallgäu. Dieses Mailand hat mit dem italienischen nur den Namen gemein. Das wird den Bewohnern gar nicht so unrecht sein, denn der Allgäuer mag den »Trubel« nicht so gern.

Wir radeln weiter nach Leutkirch hinein, der alten Reichsstadt, in der früher das Handwerk der Weber einen Hauptsitz hatte.

Von Leutkirch aus können wir mit dem Zug über Kißlegg wieder zurückfahren. Wer will, kann für die Heimreise auch noch die Tour über den Bodensee wählen; er sollte eben in Kißlegg dann den Zug über Wangen und Hergatz nach Lindau und Friedrichshafen nehmen.

Oben: Eintürnenberg bei Bad Wurzach

Rohrsee

Der kleine See ist sehr seicht und fällt sogar in manchen Jahren trocken. Die ca. 50 Hektar große Wasserfläche entstand in einem Toteisloch nach der Eiszeit und ist heute die größte Möwenbrutstätte in weitem Umkreis. Der gesamte See sowie das angrenzende Umland sind als Vogelbrutstätte Rohrsee besonders geschützt, weshalb die Uferbereiche auch nicht betreten werden sollten. Bitte auch nicht versuchen, ein Bad zu nehmen – dafür bietet sich der Metzisweiler Weiher an.

29 An der Mühlenstraße Oberschwaben

Klappern für das tägliche Brot

mittel | 60 km | 100 Hm | 7 Std.

Tourencharakter
Mittelschwere Tour mit landschaftsüblichen Steigungen auf überwiegend asphaltierten Radwegen und Landstraßen

Ausgangs-/Endpunkt
Biberach, Stadtmitte

Anfahrt
Bahn: ÖPNV/Zug ab Biberach und Bad Schussenried; Auto: Über die Autobahn nach Ulm oder Memmingen und über die Bundesstraßen nach Biberach

Karte
Topografische Karte des Landesvermessungsamtes Baden-Württemberg 1:50 000

Einkehr
Zahlreiche Einkehrmöglichkeiten in den Orten

Information
Oberschwaben Tourismus, Bad Schussenried, Tel. 07583/33 10 60, oberschwaben-tourismus.de

Fahrradverleih und -service
Radsport Reichel, Kolpingstr. 21, 88400 Biberach, Tel. 07351/9200; Fahrradprofis Biberach, Kolpingstr. 12, 88400 Biberach, Tel. 07351/21474, fahrradprofis.de;

Ladestation
Rad-Service-Zipfel, Ehinger-Tor-Str. 25, Biberach; Bräuhaus Ummendorf, Bachstraße 10; Hotel Gasthof Gaum, Bahnhofstraße 7, Ummendorf; Gasthof Hotel Linde, Biberacher Straße 13, Ummendorf

Auch diese Tour beginnt in Biberach an der Riß. Wir fahren vom Marktplatz aus in westliche Richtung und erreichen gleich die erste Mühle auf unserer Tour; es handelt sich um die ehemalige Holzmühle.

Diese Mühle befindet sich an einem Seitenarm des Rotbachs oder, wie der Biberacher zu diesem Teil des Baches sagt, des Wolfentalbachs, und ist eine der ältesten Mühlen von Biberach. Sie besteht in ihrer alten Form nicht mehr, da das Gebäude aufgrund langen Leerstands verfallen war. Ein innovatives Architektenpaar hat den Bau jedoch durch die Errichtung ihres Privathauses neu interpretiert und sogar ein neues Wasserrad installiert. Mit diesem Wasserrad wird nun der Strom für das Anwesen erzeugt

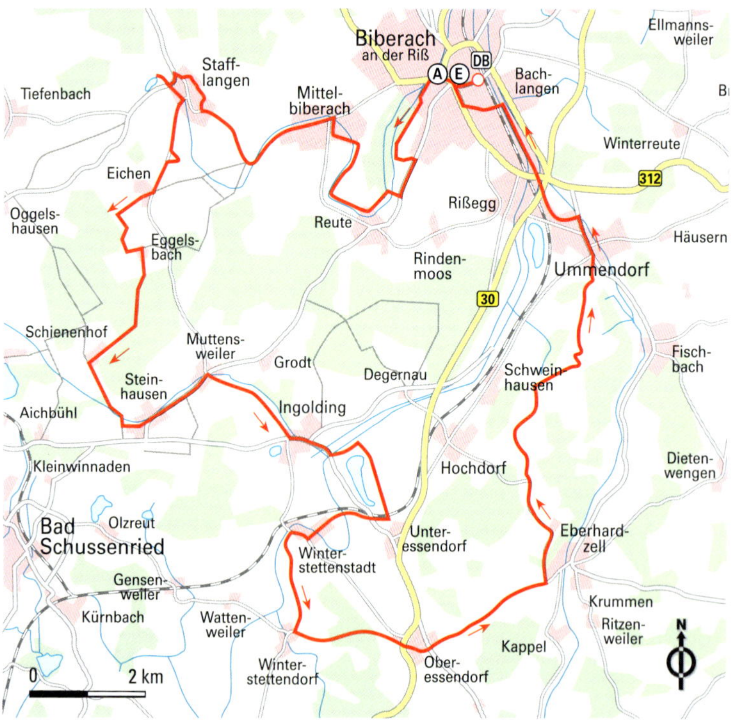

– meiner Meinung nach die sehr gelungene »Reinkarnation« einer Mühle.

An der Aymühle in Biberach-Stafflangen

Durchs Wolfental Wir fahren nun weiter am Mühlbach entlang und gelangen in das Wolfental. Durch dieses Tal fahren wir immer an dem kleinen Bächle entlang bis zur Ortschaft Reute – auf halber Strecke passieren wir die Wolfentalmühle, die jedoch in dieser Form ebenfalls nicht mehr existiert.
Der Besitzer des Anwesens hat einen Pferdehof für Islandpferde und veranstaltet nun im Bereich des ehemaligen Mühlenareals Reitkurse.
In Reute fahren wir nicht bis zur Ortsmitte, sondern überqueren auf einer kleinen Brücke, kurz nach Unterreute, den Bach und radeln durch einen weiteren idyllischen Talabschnitt bis zur Ortschaft Mittelbiberach. Kurz nachdem man die Ortschaft erreicht hat, sieht man links oberhalb des Radwegs das Mittelbiberacher Schloss, das sich im Eigentum derer zu Brandenstein-Zeppelin befindet. Wir radeln nun durch die lang gezogene Ortschaft und kommen am Ortsende wieder auf einen Radweg, über den wir Biberach-Stafflangen erreichen. Auch diese Ortschaft durchqueren wir und halten uns in Richtung Oggelshausen und Bad Buchau, wo wir wieder auf einem Radweg an die unmittelbar nach dem Ortsende liegende Aymühle am gleichnamigen Weiher kommen.

An diesem Weiher befindet sich das »Fischerstüble«, eine wunderschöne Gaststätte mit Biergarten, wo man durchaus seine erste Rast einplanen könnte. Bei diesem Biergarten handelt es sich um ein unvergleichlich schönes Plätzchen, besonders in den Abendstunden ist die Stimmung dort einzigartig. Dann fährt man wieder zurück in die Ortschaft Stafflangen und durch die Straße Kleinstafflangen auf die Hauptstraße, die in Richtung Muttensweiler führt. Einige Hundert Meter außerhalb der Ortschaft gelangt man über einen kleinen Privatweg hinunter zur Mösmühle, die heute noch betrieben wird. In der Mösmühle können übrigens auch Mühlenprodukte und hausgebrannte Spirituosen erworben werden. Die Mösmühle ist in Privatbesitz und es findet keine Bewirtung statt, weshalb wir weiter an der Ortschaft Eichen vorbei nach Muttensweiler radeln. Dieses Stück haben wir auf der Landstraße hinter uns zu bringen, werden aber dann, sobald wir oberhalb von Muttensweiler sind, mit einem wunderbaren Blick auf die rechts liegende Wallfahrtskirche von Steinhausen entschädigt.

Ayweiher mit Ablass

Wir fahren in Muttensweiler geradeaus über den Kreisverkehr und gelangen nach Ingoldingen, wo wir uns in der Ortsmitte links halten und bei erster Gelegenheit in Richtung Unteressendorf abbiegen. Nun gelangen wir zur Lindenmühle, die heute landwirtschaftlich betrieben wird. Es ist aber ein Gasthaus angeschlossen, das im Sommer geöffnet hat; im Herbst allerdings nur noch an den Wochenenden. Von hier aus radeln wir nun weiter über Unteressendorf nach Winterstettenstadt und Winterstettendorf, wo die nächste Mühle liegt. Bei dieser Mühle handelt es sich auch wieder um eine noch betriebene Mahlmühle mit angeschlossenem Mühlenteich. Hier kann man ebenfalls diverse Mühlenprodukte einkaufen und die Mühle im Betrieb besichtigen.

Die Ortschaft Winterstettendorf verlassen wir in Richtung Oberessendorf, biegen jedoch unmittelbar nach Ortsende nach rechts zum »Wilden Ried« ab. Hierbei handelt es sich zwar um einen kleinen Umweg, dafür ist es eine landschaftlich wunderschöne, nahezu verkehrsfreie Strecke. Am Ende dieser Etappe erreichen wir die Ortschaft Oberessendorf, wo beim Überqueren der Bun-

Das Mühlengebäude der Aymühle

desstraße Vorsicht geboten ist. Wir fahren durch die Ortschaft hindurch und halten uns an die Beschilderung in Richtung Eberhardzell. Nun kommt eine der knackigsten Steigungen der ganzen Tour, die für Stromradler jedoch unproblematisch ist. Wir radeln die Steigung hoch und auf dem Scheitelpunkt biegen wir nach links in Richtung Hochdorf ab. Wir radeln nun vorbei an der Heinrichsburg, die sich in Privatbesitz befindet, und gelangen zum Weiler Benzenhaus, wo wir uns rechts halten und über das »Hochgeländ« weiter nach Berg und Wettenberg fahren.

Auf diesem »Hochabschnitt« bieten sich uns wunderschöne Ausblicke über das Rißtal und bei schönem Wetter bis hinüber zum Bussen. In Wettenberg biegen wir rechts ab und fahren hinunter nach Fischbach, wo sich die letzte Mühle dieser Tour befindet. Es handelt sich um eine Hammerschmiede, die allerdings nur noch von außen besichtigt werden kann. Wer sowieso genug Mühlen gesehen hat, kann weiter auf dem schönen Radweg bis nach Ummendorf radeln und im Bräuhaus noch eine Schlusseinkehr halten. In Ummendorf befindet sich eine Mosterei, die allerdings nicht nur Most, sondern auch hervorragende Spirituosen anbietet; die Produkte können bei den freundlichen Inhabern probiert werden. Ebenfalls empfehlenswert ist ein Besuch des Ummendorfer Hofladens, in dem landwirtschaftliche Produkte erworben werden können. Von Ummendorf aus haben wir wieder zwei Möglichkeiten, nach Biberach zu gelangen. Wir können entweder in der Talmitte des Rißtals den Radweg an den Bahngleisen entlang nutzen oder aber auch auf der östlichen Talseite über das Jordanbad in die Stadt fahren.

30 Öko-Regio-Tour von Riedlingen nach Emerfeld

Von der Donau auf die Alb

mittel | 40 km | 200 Hm | 6 Std.

Tourencharakter
Landschaftsübliche Steigungen auf überwiegend asphaltierten Radwegen und Landstraßen

Ausgangs-/Endpunkt
Riedlingen, Stadtmitte

Anfahrt
Bahn: ÖPNV/Zug ab Riedlingen; Auto: Über die Autobahn nach Ulm oder Memmingen, auf den Bundesstraßen über Biberach oder Ehingen nach Riedlingen

Karte
Topografische Karte des Landesvermessungsamtes Baden-Württemberg 1:50000

Einkehr
Zahlreiche Einkehrmöglichkeiten in den Orten

Information
oberschwaben-tourismus.de

Riedlingen ist ein wunderschönes Städtchen im östlichen Teil des Landkreises Biberach, genauso wie seine Umgebung. Diese Tour wurde deshalb bewusst etwas kürzer gestaltet, weil man hier unvergleichliche Eindrücke sammeln kann und Zeit zum Genießen bleiben soll.

Es hört sich fast etwas enthusiastisch an, was der Verfasser einer Begleitbroschüre dieser Öko-Regio-Tour in seinem Vorwort schreibt. Ich kann Ihnen aber sagen: Es entspricht absolut den Tatsachen und es ist eine ehrlich gemachte Publikation von naturbegeisterten Oberschwaben, denen die Erhaltung ihrer Heimat ein Herzensanliegen ist.
Es stimmt, dass man hier Störche in Auenlandschaften der Donau bewundern kann, die raue Karstlandschaft auf der schwäbischen Alb mit Höhlen und was dazu gehört oder aber den Federsee bei Bad Buchau mit allen Naturschönheiten, die man landläufig mit seinem Namen verbindet. Es stimmt, dass auch in diesem Winkel des Landkreises Biberach und darüber hinaus Zeitreisen von der Keltenzeit bis zum Barock möglich sind. Ich habe bewusst und mit Erlaubnis der Verfasser aus deren Publikation zitiert, weil man bessere Worte nicht finden kann. Nun also begeben wir uns auf eine Tour, die uns von unten am Do-

nauverlauf bis oben, nämlich auf die raue Alb, führt. Nebenbei lohnt es sich natürlich, das Einkehren nicht zu vergessen, was aber in dieser Gegend ohnehin schwierig ist.

Los geht's in Riedlingen Wir radeln also in Riedlingen los und verlassen die Stadt in westlicher Richtung. Allerdings könnte der Abschied von Riedlingen schwerfallen, weil der Aufenthalt dort gut mit Sehenswertem zu füllen ist. Unübersehbar sind gleich die alten Fachwerkhäuser im mittelalterlichen Stadtkern und auch die Befestigung aus dem 15. Jahrhundert. Das ehemalige Kornhaus dient nun als Rathaus und ist das Wahrzeichen der Stadt. Übrigens spielt sich das Leben in Riedlingen ganz im Zeichen der Störche ab und so befindet sich natürlich auch auf dem Rathaus ein Storchennest. Ebenfalls in der Innenstadt gibt es das Museum »Schöne Stiege«, das Einblicke in die Stadt- und Kirchengeschichte bietet. Aber nachdem das eine Radtour ist, sollten wir uns losreißen, aber keine Sorge – die Tour endet ja wieder hier. Wir halten uns also an die Beschilderung der Radwege, verlassen Riedlingen in westlicher Richtung und gelangen nach Altheim. Dort gibt es übrigens die gotische Pfarrkirche

Vor der Klosterkirche von Heiligkreuztal

Ernst Jünger

Ernst Jünger war ein bedeutender deutscher Schriftsteller, der jedoch wegen seiner nationalen Einstellung umstritten war. Ernst Jünger nahm am 1. Weltkrieg teil und schilderte seine Erlebnisse in dem Buch *In Stahlgewittern*. In diesem Buch beschreibt er seine Kriegserlebnisse zwar authentisch, stellt den Krieg allerdings auch als Teil oder Folge von Politik dar.

Die Nationalsozialisten bezogen die Literatur Jüngers teilweise in ihre Propaganda mit ein, zumal Jünger das Kämpfen ab und zu als Genuss und Bestandteil seines Lebens beschrieb.

St. Martin und im Pfarrhaus ist ein im 15. Jahrhundert gemaltes Hungertuch aufbewahrt. Hungertuch ist übrigens ein falscher Ausdruck, weil es eigentlich Fastentuch heißen sollte. Fastentuch deshalb, weil es während der Fastenzeit im Altarraum katholischer Kirchen aufgehängt wurde, um dem Gläubigen zu verdeutlichen, dass er nun eine Weile lang den kulinarischen Genüssen entsagen soll. Von Altheim geht es nun weiter nach Andelfingen, wo ein Hofladen mit Nudelparadies seine Produkte feilbietet. Auch die Liebhaber von Mühlen kommen hier auf ihre Kosten, weil zwei historische Holzsägewerke zu besichtigen sind.

Spruch an einem Haus in Oberschwaben

Wir fahren weiter nach Langenenslingen und sehen zur Rechten schon zwei Bachläufe, nämlich den des Biberbaches und den des Holzbaches. Nachdem ein altes Sprichwort lautet: »Wo Wasser, da Mühle«, trifft man auch in Langenenslingen auf eine Sägmühle, die man auf Anfrage besichtigen kann.

Von nun an geht es bergan und wir fahren in das Warmtal, ein in Wälder locker eingebettetes Tal, durch das wir hinauf nach Emerfeld radeln. Das ist auch schon der knackigste Anstieg unserer Tour, so schlimm ist es also gar nicht – und für Stromradler erst recht nicht. Nun geht es weiter nach Emerfeld, einer der höchsten Ortschaften bzw. geografischen Lagen des Landkreises Biberach. Emerfeld liegt auf 720 Meter Höhe, der Bussen auf 787 Meter. Der kleine Ort, der zu Langenenslingen gehört, ist im Winter auch ein Anlaufpunkt für Wintersportler.

Fahrradverleih und -service

Radsport Günzel, Unterriedstr. 15, 88499 Riedlingen, Tel. 07371/927298, radsport-guenzel.de; Stimm Radlädle, Kastanienallee 23A, 88499 Riedlingen, Tel. 07371/13019; Spalte links; Einkehr, Gasthaus zum Schwanen, Lange Straße 17, Andelfingen, Tel. 07371/8634, schwanen-andelfingen.de; Gasthof Löwen, Riedlinger Straße 1, Wilflingen, Tel. 07376/733, loewen-wilflingen.de; Touristinfo, Oberschwaben Tourismus GmbH, Kloster, 88427 Bad Schussenried, Tel. 07583/331060, oberschwaben-tourismus.de

Zum Ernst-Jünger-Haus Gleichzeitig befinden wir uns in der Ortschaft auf dem Scheitelpunkt und der Wendemarke unserer Strecke. Von Emerfeld aus geht es weiter nach Billafingen und Wilflingen, wo der weltbekannte Schriftsteller Ernst Jünger bis zu seinem Tod lebte. In der Ortschaft Wilflingen können das Schloss und das Ernst-Jünger-Haus, das ehemalige Wohnhaus des

Holzofentag bei Häusslers in Heiligkreuztal

Schriftstellers, besichtigt werden. Von Wilflingen aus geht es nach Heiligkreuztal, wo sich das ehemalige Frauenkloster mit einigen der bedeutendsten gotischen Bauten der Region befindet. Teile des Klosters sind täglich zu besichtigen; in der Bruderkirche ist ein Museum untergebracht.

Ebenfalls sehr sehenswert ist die Firma Häussler mit ihrem Backdorf, die alles, was zum Backen eines guten Brotes erforderlich ist, in bester Handwerksqualität herstellt und liefert. Wenn man durch die wunderschön gestalteten Ausstellungsräume der Firma wandelt, bekommt man automatisch Lust, das Brotbacken selbst zu probieren. Dafür kann man an Backkursen teilnehmen, die dort angeboten werden. Es finden auch in regelmäßigen Abständen sogenannte Holzofen-Tage statt und einmal im Jahr das Heiligkreuztaler Brotfest.

Nun brauchen wir nur noch von Heiligkreuztal aus in östlicher Richtung über Waldhausen nach Riedlingen zurückzuradeln. Hierbei können wir zwischen zwei Möglichkeiten wählen; entweder wir suchen bereits bei Waldhausen die Nähe zur Donau oder wir radeln »landbezogen« weiter an Altheim und dem Flugplatz von Riedlingen entlang zurück in die Stadt Riedlingen. Wem diese Tour zu kurz ist, der hat mannigfaltige Möglichkeiten, noch eine kleine Runde »dranzuhängen«, sei es nun an der Donau entlang oder den Bussen hoch.

Zugabe

Landschaften verändern sich kaum *und die Sehenswürdigkeiten, auf die ich in diesem Buch eingegangen bin, sind auch kaum Veränderungen unterworfen. Was sich logischerweise ändert, sind die Technik und die Infrastruktur von Fahrrädern und Lademöglichkeiten. Es gibt immer mehr neue Lademöglichkeiten und viele Gemeinden oder Beherbergungsbetriebe haben nachgezogen – allerdings sollte man sich überlegen: Passt die Lademöglichkeit auch zu meinem Fahrrad? Oder übernachten gerade diese Nacht sehr viele Radler mit stromdürstenden Akkus, sodass die (Lade-)Möglichkeiten begrenzt sind? Wie dem auch sei, rate ich nach wie vor zur Mitnahme des eigenen Ladegeräts. Die Teile passen normalerweise noch locker ins Radelgepäck und ich halte es für fast sicher, dass an der Steckdose im Unterkunftszimmer kein Fremdradler andockt …*

Ich bezeichne mich übrigens als »Genussgondler« *und dazu gehört auch, dass ich mich als Radler stilsicher verhalte, also mit der gebotenen Rücksicht unterwegs bin und mich auch an Verkehrsregeln halte. Sind nicht die allermeisten Radler auch noch auf andere Art Verkehrsteilnehmer? Welche Gedanken gehen einem dann durch den Kopf, wenn nachts der Radler ohne Beleuchtung entgegenkommt? Oder welcher andere Gast in einem Lokal mag es, wenn sich ein total verschwitzter und wegen fehlender Schutzbleche verschmutzter Radler an den Tisch setzt? Mal nachdenken.*

Bitte genießen Sie alles mit der nötigen Muße*, nehmen Sie Rücksicht und kommen Sie immer wieder gesund von Ihren schönen Radtouren heim.*

Ihr Peter Rieger

Register

Impressum

Verantwortlich: Julia Vogl
Redaktion: Christian Schneider
Layout: Eva-Maria Klaffenböck
Repro: P.R.O. MEDIEN
Kartografie: Heidi Schmalfuß
Herstellung: Bettina Schippel
Printed in Slovenia by Florjancic Tisk d.o.o.

★★★★★

Sind Sie mit diesem Titel zufrieden? Dann würden wir uns über Ihre Weiterempfehlung freuen. Erzählen Sie es im Freundeskreis, berichten Sie Ihrem Buchhändler, oder bewerten Sie bei Onlinekauf. Und wenn Sie Kritik, Korrekturen, Aktualisierungen haben, freuen wir uns über Ihre Nachricht an Bruckmann Verlag, Postfach 40 02 09, D-80702 München oder per E-Mail an lektorat@verlagshaus.de.

Unser komplettes Programm finden Sie unter www.j-berg-verlag.de

In diesem Buch wird aus Gründen der besseren Lesbarkeit das generische Maskulinum verwendet. Weibliche und anderweitige Geschlechteridentitäten sind dabei ausdrücklich mitgemeint, soweit es für die Aussage erforderlich ist.

Empfehlung der Redaktion
Sie sind auf der Suche nach weiterführender Literatur? Dann empfehlen wir Ihnen den Titel »Genussradeln für Senioren Münchner Süden« von Bernhard Irlinger. Oder Sie werfen einen Blick in die Zeitschrift »BERGSTEIGER«. Hier werden Sie bestimmt fündig.

Bildnachweis: Alle Bilder im Innenteil und auf der Umschlagrückseite stammen von den Autoren außer: S. 2, 55, 60, 61, 65, 73, 75, 77, 109: Lisa und Wilfried Bahnmüller; S. 45: Marion Buck;
Umschlagvorderseite: Donauradweg gegenüber der Ulmer Donaubastei
Umschlagrückseite: Brücke im Kurpark von Bad Wurzach

Die Deutsche Nationalbibliothek verzeichnet diese Publikation in der Deutschen Nationalbibliografie; detaillierte bibliografische Daten sind im Internet über http://dnb.d-nb.de abrufbar.

Infanteriestraße 11a
80797 München

ISBN 978-3-86246-806-5